［あじあブックス］
061

老荘の思想を読む

舘野正美

大修館書店

はしがき

老子《ろうし》の〈道〉は、これまで〝永遠普遍の真実在〟であるとか、あるいは〝万物の根元的存在〟であるなどと言われ、その深遠さや幽玄なところばかりが必要以上に強調されたり、あるいはまた、その思想自体が、一種の〝老獪《ろうかい》な処世訓〟であるとされ、皮相な人生談義の書物のように見なされることが、しかし残念ながら多かったように見受けられます。また、荘子《そうし》（または、「そうじ」と読む説もある）の展開する見事な哲学的〝文学〟も、ややもすれば、その見事な文章に目を取られて、そのあまり、彼が本当に伝えたがっていることが見失われがちであったように思われるのです。

以下、本書における私の姿勢は、要するに老子や荘子が、彼らの言葉を通じて、〝本当は何を言おうとしているのか〟、あるいは〝現代の私たちに、どういうことを伝えようとしているのか〟、ということを、少しでも明らかにしてゆこうとするものです。その目標がどのくらい達成できるか定かではありませんが、とにもかくにも、このような姿勢を貫いてゆきたいと思っています。

そこで本書は、まずこの老荘思想自体について概観します。そののち、それを〝時間・空間〟、〝夢〟、そして〝神話〟といった観点から解析して、いわば〝各論〟を述べてゆきたいと思います。この後半部分は、いささか理屈っぽい論述になっているかも知れませんが、なるべく嚙み砕いて記述します。そのような観点からの論述が、彼らの哲学思想のありさまを、さらに際立たせてくれるものと期待しています。

目次

はしがき　iii

序章

老荘思想へのいざない

隠逸のイメージ

「老荘思想」——すなわち、老子・荘子の思想——という言葉を耳にして、普通、人は何を連想するでしょうか。山中に隠棲する超俗的な仙人、あるいは日常の世界を超えた〈道〉の存在、果ては世俗を捨てて孤独に暮らす隠遁者等々、そのイメージは人さまざまではありましょうが、そこにおおむね一貫して現れる共通の印象はと言えば、それは要するに、俗世間のわずらわしさを避けてひとり静かに隠遁生活を送る、いわゆる「隠逸の思想」であるということではないでしょうか。

たしかに、老子自身が、〈道は隠れて無名なり〉(『老子』第四一章)と言い、さらに、

■古《いにしえ》の善《よ》く士たる者は、微妙玄通《びみょうげんつう》にして、深きこと識《し》るべからず。(『老子』第一五章)

いにしえの優れた士は、ナイーブで幽玄なものごとに精通し、常人には理解できない心(意識)の深さをたたえた人物であった。

とも言っています。また、荘子は、彼の著書『荘子』の中において数え切れないほどの〝隠者〟を登場させ、それを〈方外に遊ぶ者〉(『荘子』「大宗師篇《だいそうしへん》」)と称して、いかにも人の生き方の理想像であるかのごとき態度を取っていることは、まぎれもない事実です。

したがって、一般的に「老荘思想」と言えば、この日常生活の現実から離れて、ひとり静かに隠

遁生活を楽しむ思想であり、人それぞれ志にあった生活を送るという点では、その意義を認められるものの、ともすれば、現実の日常生活を逃避するという意味で、「非現実的」な絵空事を主張する思想であると思われがちなのではないでしょうか。

実際に、老荘思想に対してこのようなイメージがあることを、私は決して否定しませんが、とはいえしかし、それはまた決して老荘思想の〝本質〟でも〝真髄〟でもなく、ほんの表面的で不確かな印象にすぎないと思うのです。むしろ、この老荘思想こそ、「今ここに現実に存在するこの〝私〟の生きざまに直接かかわる」という意味で、まさに「現実的」な思想の典型であると思われるのです。

「現実的」な思想とは

老荘思想は、別名「道家思想」とも言われています。彼らが共に〈道〉というキーワードを軸にして、みずからの思想を説いたからこう呼ばれるのです。では、彼らが説いた〈道〉とは何か。それを以下において明らかにし、さらにその〈道〉の思想をめぐる、彼らのさまざまな記述を概観して、その思想を深く理解しようというのが、ほかならぬ本書の眼目ではありますが、今とりあえずひとこと申し述べれば、その〈道〉とは「今ここに現実に存在する〝私〟自身の真実」であると言えると思うのです。

それゆえ、それはたしかに表面的な現実についての浅薄な理解を「超え」て、その奥に「今ここに現実に存在する〝私〟」の本質的な「あり方」を体得・体現するという点で、「日常的な現実の世界を超え」ており、したがってまた時に孤高なあり方を呈することもあるでしょう。しかし、それは決して現実逃避でもなければ、いわんや非現実的な絵空事でもなく、むしろ徹底的に「現実的」である、という意味で「超現実的」とでも称されるべき思想であると思うのです。

「現実的」という言葉は、決して悪い意味での浅薄で表面的な日常的「現実」への執着・固執を意味するものではありません。そうではなくて、真に現実的なあり方をしている人物は、自己の真実の生き方を展開しており、したがって生き生きとおのが〝生〟を展開して輝いて生きています。そういう生き方を追求して体現する、これが私のいわゆる「現実的」な思想であり、老荘思想がその典型である、と言う真意なのです。

この点について、老子はみずから、

一 人を知る者は智《ち》あるも、みずから知る者こそ明《めい》なり。

（『老子』第三三章）

他人について外面的な知識があるのは、単なる〈智〉——もの知り——にすぎない。自分自身を知る者こそ〈明〉——真の明知をそなえた人物——である。

と言っています。まさに老子らしい「寸鉄、人を刺す」言葉であると言えましょう。私たちは、日常的にこの私たち自身のことすら外面的に見て、皮相な理解しかしていないのです。いわば、真っ暗闇の夜道を、なお目隠しをして歩いているようなものなのです。

だからこそ老子は、〈道〉を体得して、真実の自己に目覚め、本当に自分らしい生き方をせよと説くのです。これこそ老子の思想の真骨頂であり、きわめて現実的な思想であると思うのです。

また荘子は、あるとき夢の中（これが実は、〈道〉の世界の象徴なのです）で〈胡蝶《こちょう》〉（ちょうちょ）になり、そのときの心情を、

━自《みずか》ら喩《たの》しみて志《こころざし》に適《かな》うかな。

たのしいなあ。志の適《ゆ》くままだ。

（『荘子』「斉物論《せいぶつろん》篇」）

と語りました（詳しくは、本文一九四ページ以下を参照）。〈道〉の世界の比喩的表現である〈夢〉の世界に、のびのびと〈逍遥遊《しょうようゆう》〉するという、荘子らしい含蓄ある表現であると思われます。いずれも、彼らの「超現実的」な思想を物語る言葉であると言えるでしょう。

〈道〉の思想

老子と荘子は、共に〈道〉を説き、人間存在の真実をみずから体現して、時に「老荘」と並び称され、「道家」の思想家と見なされています。したがって、その思想の本質的な部分で、彼らの思想は大きく通じ合うものであることは言うまでもありません。しかし、それと同時に、彼らそれぞれの個性は、おのおの別記するに値するものであったことも、また厳然たる事実であると思われます。たとえば、その〈道〉について、彼らの思想は本質的な次元において大いに重なり合うものでありつつも、その表現のしかたは大いに異なっています。すなわち、かたや老子は、あまりにも単刀直入に、

一 道の道とすべきは、常《つね》の道に非《あら》ず。

本当の〈道〉は、言葉では言い表すことができない。

(『老子』第一章)

二 知る者は言わず、言う者は知らず。

〈道〉を体得し、その真実が分かっている者は、それを言葉で説明しようとしない。分かっていない者に限って、ペラペラと説明したがる。

(『老子』第五六章)

等と、にべもなく、全く取り付く島もないような言葉を吐き、また一方で荘子は、その文学的才能の限りを尽くして壮大な文学絵巻を展開し、その〈道〉について、文字どおり言葉を尽くしつつ、それでもなお、最後には、

一　予《われ》こころみに女《なんじ》の為《ため》に之《これ》を妄言《もうげん》せん。女以《もっ》て之を妄聴《もうちょう》せよ。

（『荘子』「斉物論篇」）

私の言うことはデタラメだから、そのつもりで聴いてくれ（真に受けないで聴いてくれ）。

とクギを刺すのでした。言葉にならない〈道〉の本質を、それぞれみずから実際に体得していながら、それでいて、それぞれ個性ある対応をしつつ、結局はまた言葉にならない世界に落ち着く、彼らの思想と個性が見え隠れする記述であると言えましょう。

以下、老子と荘子それぞれの思想と個性を、いささかなりとも明らかにしつつ、もって中国思想の真に「現実的」な側面にまで光を当ててみたいと考えているところです。

第一章

老荘思想とは何か

I　老子の思想

1　〈道〉とは何か

老子という人物

老子（前四〜五世紀？）という人物についての伝記は、全く明らかではありません。司馬遷《しばせん》（前一四五年〜？）が著した歴史書『史記』の「老子伝」には、儒家の大宗孔子に、ことあろうに儒家の最重要の徳目のひとつであり、かつその実践の中核である〈礼〉を教えたとか、あるいはまた、周《しゅう》の国（前一二世紀に武王が殷《いん》をほろぼして建てた国。その後おとろえて群雄割拠の春秋戦国時代となった）が衰退したのを見て、国を出て隠棲しようと関所まで来たとき、そこの役人にたのまれて

〈道〉と〈徳〉についての五千言あまりの文章を書き残し、いずこともなく立ち去った、といったような記述が見えはしますが、いずれも伝説の域を出ないものであることは明らかです。

したがって結局のところ、老子の伝記は、本当のところはよく分からない、というのが正解ということになるでしょう。しかし、以下に見てゆくように、現存する『老子』一書に見える、〈道〉や〈無為《むい》〉といった言葉によって綴られている思想は、たしかにしっかりと一貫した思想であると言うことができます。したがって、老子も全く架空の人物というわけではなく、そのような思想をみずから体現した人物——おそらく、複数の人物——が、二千数百年前の中国に実在したということだけは、まちがいない事実であったと言えるでしょう。

そこで、まずはじめに、老子が残した数々の言葉や文章を参考にして、その〈道〉の思想そのものを明らかにして、さらにその人物像をも浮き彫りにしてゆきたいと思います。その人物の持っている思想が明確に

関尹（右端）が引く牛に乗り孔子（左端）に教えを授ける老子
（『太上老子道徳経』より）

なれば、必ずやその人物像も明らかに見えてくると思うからです。それではまず、その〈道〉の思想について見てゆきましょう。

〈道〉＝真の自己

老子の思想の根幹をなす〈道〉とは、結論を先取りして言いますと、私たちにとって最も切実で、かつ意識して鍛練を積めば、私たち自身が直接その実際、つまりその真の姿を見ることができる最も根本的な〝真理〟、すなわち私たち自身の真の姿――真の自己――を言ったものである、と考えられます。

それは、当然のことながら、私たちのだれもが自分の心の奥底に持っていながら、それでいて、めったにそれを明確にとらえることのできない、いわば〝幻の真理〟なのです。自分自身のことが自分で分からない、というのはいかにも歯がゆくつらいことです。そして、その結果、私たちの多くが常に自分のあり方に不安や迷いを持って生活するという事態に至っているということは、私たち自身にふり返って見れば、遺憾ながら事実であると言わざるをえないところでしょう。

言うまでもなく、この真の自己に目覚めて生きるということは、決して単なるかたよった〝個人主義〟ではありません。ましてや、自分のカラに閉じこもって、一切の対人関係から逃避する隠遁主義でもありません。自分のカラに閉じこもって、悪い意味での自己満足に浸って生きるのは、実は自分のエゴに振り回されて悲しいカラ回りを繰り返しているだけであって、全く真の自己、ひいては真の生き方ではないのです。

真の〝私〟を明らかにできれば、そこから視野を広げて、一般的に〝人間〟という存在そのものまでもが明らかになります。そして、この〝私〟つまり自分自身の本当の重要さがよく理解できれば、さらに他の〝私〟つまり他の人々ひとりひとりの、かけがえのない大切さも理解でき、〝人〟を本当に大事にすることができるはずです。真の個人主義は、真の人間主義（ヒューマニズム）に連なるのです。

個人主義の国と言われているアメリカで、野球やアメリカン＝フットボールのような団体競技がさかんに行なわれ、また日頃は各個人がそれぞれ別々の生活を送っていながら、フットボールの試合のハーフタイムでは、一糸の乱れとてないマーチングバンドの行進を披露する光景を目にすると、やはり真の個人主義というのは、決して自分のカラに閉じこもって他人をないがしろにするのではなく、むしろ自分という〝個〟だけでなく、他のひとりひとりの〝個〟を大事にすることによって、そのそれぞれの〝個〟が属する集団を育んでゆくものだということがよく分かります。

自分のカラに閉じこもって、他人をないがしろにするのは、真の自己に目覚めていない、たんなる利己主義であり、利己主義は結局我が身を滅ぼすのです。真の自己に目覚めた人であれば、このことはまさに実感として分かるはずです。ただ、きわめて日本人的な団体競技である駅伝を〝チームプレー〟であると誤解しがちな私たち日本人にとって、このいわゆる〝真の個人主義〟を理解するのは、いささか注意が必要かも知れません。そのことも含めて、やはりまず第一に〝真の自己〟を知ることが肝要だと思います。

老子という人物は、この私たちにとって切実なる〝真実〟を体得し、みずから〈道〉——真の自己——を体現して、真の〝人間〟のあり方をよくよく理解し、その〝生〟を全うした人物であった、と考えられるのです。

言葉では表せない〈道〉

さて老子のいう〈道〉は、しかし今までのところ、私たち人間の感覚を超えた〝超越的〟な、そしてまた〝永遠普遍の真実在〟であるとか、この世界の〝万物の根源的存在〟であるなどと言われてきました。さらに、〈道〉がそのような存在であるがゆえに、それを言葉によって説明することは不可能であり、そうであればこそ、老子みずから（先にも触れた通り）、

■道の道とすべきは、常《つね》の道に非《あら》ず。（『老子』第一章）

本当の〈道〉は、言葉では言い表すことができない。

と言っているのである、とされることが多かったように思われます。

たしかに、老子の〈道〉は、私たちが日頃いとなんでいる言葉を用いた思考の理屈だけでは、どうにもとらえることもできなければ、説明することもできない種類の〝真実〟であると言えるでしょう。のちに改めて詳しく見てゆくことになりますが、真の自己としての〈道〉を体現してゆくには、きびしい内省的思考に加えて何らかの身体的鍛錬が不可欠なのです。

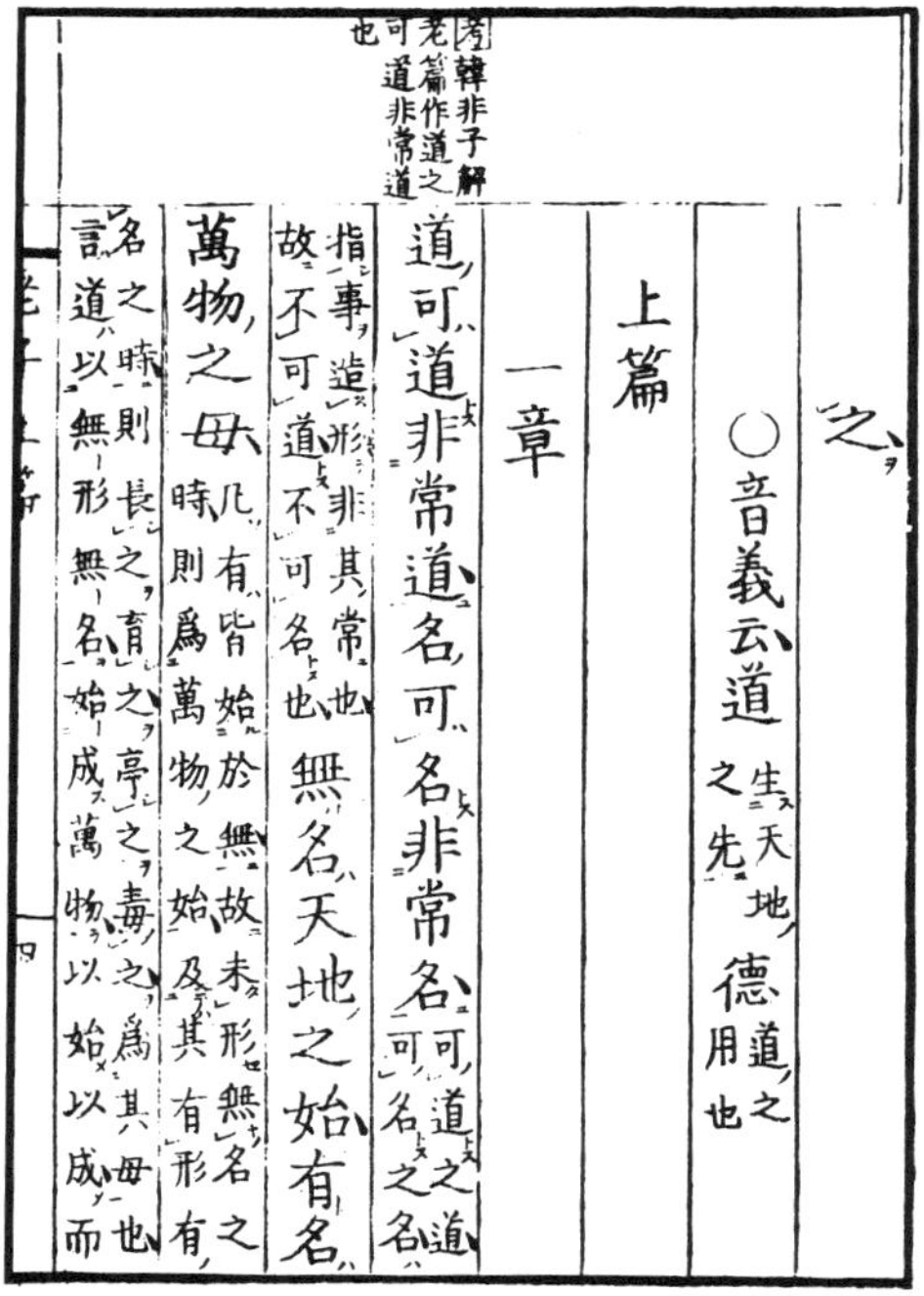
考 韓非子解老篇作道之可道非常道也

之

○音義云道生天地之先德道之用也

上篇

一章

道可道非常道名可名非常名可道之道可名之名指事造形非其常也故不可道不可名也無名天地之始有名萬物之母凡有皆始於無故未形無名之時則爲萬物之始及其有形有名之時則長之育之亭之毒之爲其母也言道以無形無名始成萬物以始以成而

明和６年（1769）の宇佐美灊水《せんすい》の序文が付いた『老子』

そうは言っても、みずから自身の〝知〟に対する冷静な反省と、きびしい身体的鍛練との両方を行なって、真実の自己を明らかにしてゆくことは、言葉で言えば、じつに簡単に分かったような気になりますが、実際にはとても大変なことです。ですから、老子自身が

吾《わ》が言《げん》は甚《はなは》だ知り易《やす》く、甚だ行ない易し。天下に能《よ》く知るものなく、能く行なうものなし。

（『老子』第七〇章）

私の言うことは、きわめてシンプルで分かりやすく、それを実行することも決して難しいことではない。しかし、この世の中に、これを真に分かってくれる人は少なく、それを実行できる人もめったにいない。

と言うのも、じつにもっともなことだと言えるでしょう。

よくスポーツの世界で、「名選手は必ずしも名監督になれない」と言われますが、これなども老子のこの言葉にかんがみてみれば、むしろ理の当然のことであると言えるでしょう。つまり、いかなる名選手であろうとも、それはあくまでもその個人の才能と鍛錬の結果であり——それが素晴らしいことであるのは言うまでもありませんが——結局のところ、その個人にしか分からないことであって、それをそのまま自分の後輩たちにやらせようとしても、できることではなく、いたずらに

後輩たちを戸惑わせることになるだけなのです。

これとは逆に、かつてアメリカのプロフットボールのリーグには、脳性マヒのために生まれてから一度も実際にフットボールをしたことがない、車椅子に乗ったコーチが実在しました。自分が名選手として活躍することと、他人を名選手に育て上げるという仕事が全く別のことであるということを、彼らは明確に認識していたのです。かつての名選手の言うことしか聞けない現役選手は、実際その名選手のコピーにすらなれません。また過去の栄光にすがって生きている「かつての名選手」は、他人の指導よりも、まず自分の生き方を考えなければならないのです。私のゼミの出身者であるA君も（彼は老子の思想を研究して卒論を書きました）、おそらくこういった老子の言葉を実践したのでしょう。アメリカン=フットボール界のスーパースターだった彼は、ボブスレーの日本代表選手として冬季オリンピックにまで出場し、現役引退後、指導者としても成功を収めています。かれはきわめてクレバーな人物で、よく勉強もしていました。

輪扁の寓話

ここで、ちょっと取り付く島のない老子の言葉を補うかたちで、荘子の助けを借りましょう。『荘子』に見える以下の寓話は、まさに老子の――そして、それを伝えようとする私の――思うところを的確に表現するものであると思われるからです。

桓公《かんこう》、書を堂上《どうじょう》に読む。輪扁《りんぺん》、輪《りん》を堂下《どうか》に斲《けず》る。……桓公に問いて曰《いわ》く、公の読む所は何の言《げん》と為《な》すや、と。公曰く、聖人《せいじん》の言なり、と。曰く、聖人在《あ》りや、と。公曰く、已《すで》に死せり、と。然《しか》らば則《すなわ》ち君の読む所の者は、古人の糟粕《そうはく》なるのみ、と。桓公曰く、寡人《かじん》、書を読むに、輪人安《な》んぞ議するを得《え》んや。説あらば則ち可《か》なるも、説なくんば則ち死せん、と。輪扁曰く、臣《しん》や、臣のことを以《もっ》て之《これ》を観《み》る。輪を斲るに、徐《じょ》ならば則ち甘くして固からず、疾《しっ》ならば則ち苦にして入らず。之を手に得て心に応じ、口も言うこと能《あた》わず、数《すう》のその間に存するあり。臣は以て臣の子にも喩《さと》すこと能わず、臣の子も亦《また》之を臣より受くること能わず。……古《いにしえ》の人とその伝うべからざるものと、死せり。然らば則ち君の読む所の者は、古人の糟粕なるのみ、と。

（『荘子』「天道篇《てんどう》」）

あるとき、斉の桓公が堂上にいて本を読んでいた。車輪を作る職人の輪扁は堂下で車輪を作っている。……桓公に問いかけて言うには、「殿様の読んでおられるのは、だれの言葉ですか」と。桓公の答え「聖人の言葉だ」。輪扁「その聖人は生きていますか」。桓公「もう死んでしまわれた」。すかさず輪扁は言う「そうしますと、殿様が読んでおられるのは、古人の糟粕（残りかす）ということになりますね」。（さすがに桓公はムッとして）「わしが（良いと思って聖人の）書物を読んでいるのに、車輪作りの職人が何を言うか。どういうことか申し開きできればよいが、できなければ死罪だぞ」。輪扁の答え「私は私自身の体験から申しておるのです。車輪を削る削り方があまいと（輻《や》＝車輪のスポークを差し込むのに）ゆるくてしまりがなくなってしまいますし、きついとせまくて差し込めません。これを手で覚えて心に自覚しておりますが、口では説明できません。そこにはある種の〈数《コツ》〉があるのです。私はこのことを私の子供にも伝授することができず、子供もまた私から受け継ぐことができません。……古の人も、そうした人に伝えられないことも、一緒に滅んでしまいました。だから、殿様が読んでおられるのも、古人の糟粕、ということになるのです」。

言葉では言えない大切な〝何か〟、それが〈道〉なのです。しかし、だからと言って、それは決して〝永遠普遍の真実在〟でもなければ、〝万物の根源〟といった、ワケの分からない超越的存在でもなく、いわんや単なる皮相な意味での〝日常的な現実〟でもありません。先ほど述べた意味での〝現実的〟な存在なのです。それは、荘子のこの寓話が物語るように、そして、そもそも老子自身が〈吾《わ》が言《げん》は甚《はなは》だ知り易《やす》く、甚だ行ない易し。天下に能《よ》く知るものなく、能く行なうものなし〉（『老子』第七〇章）と言っていたとおり、私たちにとって、なかなか実現することが容易ならぬものではありません。とはいえしかし、ここまで来れば、老子の〈道〉の真実も、もう目前に迫っていると言ってよいでしょう。そこでさらにもう一歩、前進していってみたいと思います。

2 〈道〉の基盤となる思考

老子の真理観

老子の〈道〉の実際を明らかにするために、まず彼の真理観について見ておきたいと思います。難しく言うと、いわゆる認識論の問題です。ちょっと理屈っぽくなってしまいますが、まず最初に基本的な問題を押さえて、このことをお話ししておくと、後の説明がずっとスムーズになります。

では、老子の真理観とはいったいどのようなものでしょうか。老子は、私たち人間にとっての〝真理〟というものに疑問を投げかけます。そもそも私たち人間にとって、〝真理〟とはいったい何でしょう。もしそれを絶対普遍のものである、と言ったとしたら、私たちは、それこそ永遠に真理にお目に掛かることはないでしょう。それは私たちの理屈が作り上げた幻想にすぎないからです。有限な存在である私たち人間が、絶対普遍の〝何か〟を認識したりとらえたりする、などということは残念ながら全くできないことだからです。

このことについては、老子も明確に認めて、次のように言っています。

> 天下みな美の美たるを知る。これ悪なるのみ。天下みな善の善たるを知る。これ不善なるのみ。故《ゆえ》に有無《うむ》相生《あいしょう》じ、難易《なんい》相成《な》り、長短相形《あらわ》れ、高下《こうげ》相傾き、音声相和し、前後相随《したが》う。是《ここ》を以《もっ》て聖人は無為《むい》の事に処《お》りて、不言《ふげん》の教えを行なう。（『老子』第二章）

天下の人々は、みな美しいものを美しいと見なすことができる。しかし、これは悪《みにく》いものがあってはじめてできることである。また善《よ》いものを善いとしてわきまえている。しかしそれも善《よ》くないものがあってこそのことなのである。つまり、有ると無いとは互いに相手があってはじめてそうと分かり、難しいと易《やさ》しいというのも、相手との比較で成り立ち、長いと短いも互いに比べあって明らかとなり、上と下もどちらか一方を上としたら下が、また反対にどちらかを下としたら上が決まり、楽器がかなでる音と人の歌声も、互いに相手との比較があってはじめて明らかになって音楽として調和し、前と後ろも、どちらか一方を決めて、はじめて明確になるのである（このように、人の認識に〝絶対普遍〟はありえない）。そこで聖人は無為を行ない、言《ことば》にならない教えを行なうのである。

相対観

私たち人間にとっては、〈美〉も〈悪〉も、あるいは〈善〉も〈不善〉も、いずれも互いに相手があってはじめて、つまり〈美〉は〈悪〉が、反対に〈悪〉は〈美〉があってはじめて、そしてまた、〈善〉は〈不善〉が、反対に〈不善〉は〈善〉があってはじめて、それぞれ〈美〉〈悪〉そして〈善〉〈不善〉でありうる、と言うのです。言い換えると、この世に絶対普遍の〈美〉〈悪〉または〈善〉〈不善〉などはなく、それらは、それぞれ他（相手）との比較によって、つまり相対的に、そうなっているにすぎない、ということですが、こういう考え方を〝相対観〟といって、ものごとの価値判断や事実の認定において、さまざまな問題の原因となっているものなのです。

たとえば、近頃よく〝価値観〟が多様化している、と言われます。さまざまな個性を持った多くの人々が生活しているのですから、あるいはそういうこともあるでしょう。しかし実際のところ、私の見る限りでは、ちっとも多様化した価値観などは見当たりません。あるのはただ自分の勝手だけを（ときに高尚な、しかし無内容な理由づけをして）主張して、他人の立場を思いやろうともしない、文字どおりの〝自分勝手〟だけです。本当にしっかりとした価値観を持っているならば、仮に相手が自分と正反対の価値観を持っていたとしても、堂々と、しかし温和に自分の考え方を説明し、なおかつ相手の主張をもちゃんと認めて、よりよい方向を目指すことができるはずです。自分の価値観と同じように、相手のそれも尊重できるのです。

しかし残念ながら、実際に目にすることが多いのは、圧倒的に〝自分勝手〟であり、ひどいものは、単なる利己主義としか思えないようなものまであるようです。そのこと自体が困ったことですが、さらに問題なのは、そのようなエゴイズムのウラに、先に挙げた〝相対観〟が見えかくれしているということです。つまり、ものごとの善し悪しやその意義は、すべてこれ相対的なものであり、すべてバラバラに各個人に任されているのだから、何をどのように考えようとも自分の勝手だ、という考え方です。

ソクラテスと老子

このような考え方を基礎にして、弱論強弁、どんな理屈でも思うがままに展開してみせます、とおのが弁論術を高らかに吹聴したのが、紀元前四〜五世紀の古代ギリシャに現れた、かの悪名高いソフィストたちでした。彼らとて決して単なる〝悪知恵〟だけの詭弁家《きべんか》たちというわけではないのでしょうが、その考え方の根底に、この相対観があることは否定できないところでしょう。そして、そのような相対観に基づくいわば〝自分勝手主義〟に、ひとり敢然として異を唱え、人間には、人間としてこれだけは変わらない、という人間の真理があって、それをイデアと呼ぶという、いわゆる〝イデア論〟を主張し、多くの人々の迷える心に光を投げかけながら、人々に与える影響の過大さゆえに、国家にとって危険人物であるとされ、ついに毒杯を仰ぐに至ったのが、かの哲人ソクラテス（前四七〇頃〜三九九）でした。

じつはソクラテスの考え方にも、老子の〈道〉に通じるものがあり、とても興味深く思われるのです。たとえば、彼のいわゆる〝ダイモンの声〟というものがあります。これは彼の心の奥底、つまり深層意識から、彼の理性に直接聞こえてくる――老子で言えば〈道〉の世界から聞こえてくる――一種のメッセージなのです。おそらくソクラテスは、ときどき――特に彼自身も言うように、何か危険や問題が目前に迫っているとき――フッと自分の意識の深い領域に入り込んで、そのままの意識の状態で、つまり日常的な理性を遥かに超えた鋭敏な感性によって、ものごとの判断をすることができたのでしょう。

ソクラテスがいったいどのようにしてそのような能力を身につけたのか、そしてまた、イデア論の哲学的な展開そのものについてなど、お話ししたい興味あるポイントは尽きないのですが、それらについてはひとまず措《お》くとして、何よりもここで注目すべきことは、ソクラテスのそのようなイデアについての考え方が、明確に老子の〈道〉に一脈相通じるものであるということです。

ソクラテスの座右の銘〝汝《なんじ》自身を知れ〟（ギグノースケ＝サウトン）は、決して外面的に自分の性格を判断することでもなければ、ただ単に好き嫌いで自分の傾向を見ることでもない、まさに老子の〈道〉と同じく、何らかの身体的鍛練と深い自己反省を通じて、みずからの意識の奥底にひそむ、真の自己を体現することにほかならないのです。

ひとかどの〝古典〟として現代に語り継がれる古代の思想には、人間真理を鋭く突きさす叡知があり、それらは互いに一脈相通じるものだと思われます。現代に生きる私たちは、彼らの言葉をヒントにして、実際に真の自己を体現し、ひとりよがりの〝自分勝手主義〟を脱却して、真の意味での価値観を身につけることができればよいのではないでしょうか。

ところで、ここで老子が〈善〉〈悪〉といういわゆる〝価値〟と、〈有〉〈無〉といった〝存在〟をまったく同一の脈絡で論じていることには、やはり注意が必要でしょう。つまり老子は、現在の私たちが知らず知らずのうちに西洋的な論理的思考に流されて、ついに分離してしまった〝存在〟と〝価値〟を、いとも自然に融合して、その思考を連ねているのです。ついつい安易に、あるいは無反省に流されて、〝存在〟と〝価値〟を切り離しっぱなしの私たちは、今改めて、この〝存在〟と〝価値〟の結びつきについて考えてみるべきではないでしょうか。

無知の知

さて、私たち人間にとっての〈美〉〈悪〉や〈善〉〈不善〉が、今見たように相対的なものである以上、それらは決して〝絶対普遍〟の〈美〉〈悪〉や〈善〉〈不善〉ではないということになります。すると（『老子』第二章〔二一ページ〕に続けて言うように）、私たち人間にとっては、少なくともこの世界を頭の中のリクツだけで割り切って相対的に認識してゆこうとする限り、何ひとつとして〝絶対普遍〟の〈有〉もなければ〈無〉もなく、〈難〉もなければ〈易〉もなく、〈上〉もなければ〈下〉もない、等々となってしまうのです。

私たち人間のそのようなあやうい〈知〉について、老子は次のように言っています。

知りて知らずとなすは上《じょう》なり。知らずして知るとするは病《へい》なり。それただ病を病とす。是《ここ》を以《もっ》て病ならず。聖人は病あらず。その病を病とするを以て、是を以て病あらざるなり。

（『老子』第七一章）

一見分かっているようでも、実は分かっていないのだということをわきまえているのは上《じょう》（よろしい）である。しかし、実際には知りもしないくせに知っているつもりになっているのは病《へい》（こまりもの）である。病を病として自覚する。そうすれば大丈夫である。聖人もそうである。病を病としてしっかり認識しているから、その病を免れるのである。

これはいわば老子の〝無知の知〟です。私たち人間の〈知〉は、先に見たように、どう無理をしたところで相対的で狭い範囲に限られた、まるで〝真理〟とはほど遠いものだということを、老子自身が自戒の気持ちを込めて私たちに語りかけているのです。「私たち人間は、なによりもまず私たち自身の知識というものが、いかに頼りないものであるのか、ということをしっかりとわきまえなければならない。それをわきまえないで、人間の知的能力を過大評価するのは、大変に困ったことである。この問題点をしっかりと自覚し、自分の〈知〉の限界を明確にわきまえているからこそ、聖人には〈病〉がないのである」というのです。

クローン人間でもヒトゲノム解読でも、ちょっと科学的知識が進歩したからといって（もちろん、それはそれで大いに結構なことですが）、そのことをして〝神の領域を侵すおそれがある〃などと言いたてるのは、思い上がりもはなはだしい、文字どおり神（あるいはそのような絶対者、あるいはより一般的に〝母なる大自然の力〃）への冒瀆《ぼうとく》にほかならないと思います。私たち人間は、どんなに頑張ってみたところで、それこそ〝絶対に〃神の領域などには入れないのです。私たち人間は、まずこのような私たち人間の〈知〉の限界を明確に認識しなければならない、そしてそこから、人間として至りうる真の〈知〉を求めるべきなのではないでしょうか。それが老子の〈道〉の本意でもある、と思うのです。

そこで、いよいよその〈道〉の真実について進んでゆくことといたしましょう。

3 〈道〉への道程

修行とは

私たち自身の〈知〉的活動、つまりこれは理性による思考と言いかえることができるでしょうが、この〈知〉的活動の限界を率直に反省しつつも、そこに踏みとどまることなく、老子はさらに私たち人間の真実を求めて一歩を踏み出します。それが身体的鍛練です。特に、ただ単に健康のため（言うまでもなく、それは私たちにとって重要な目的ですが）とか、あるいは趣味で、といった日常的な理由ではなく、その身体的鍛練を通じて、おのが意識の次元を深め、そこで真の自己に開眼しようという、〈知〉の限界を超えてゆくかたちでのそれを、伝統的な日本語の表現では〝修行〟と呼んでいます。

〝修行〟と言えば、広く一般的には〝人生修行〟などという言い方をされたり、あるいは滝に打たれる修験者《しゅげんじゃ》のイメージで迎えられたりして、さまざまなきびしい修練を思い浮かべられるでしょうが、ここでは特に、老子の説くような、理性的思考による反省をともなった身体的鍛練という、よりシェイプアップした意味で使いたいと思います。そのような身心一如《いちにょ》（身心一体となった境地・身心の統合）を目指した身体と心（頭脳）の修練こそが、むしろ本当に〝修行〟と言うにふさわしいものだと感じられます。まずは老子の言葉に耳を傾けましょう。

〈腹を為す〉修行

五色《ごしょく》は人の目をして盲《もう》ならしむ。五音《ごいん》は人の耳をして聾《ろう》ならしむ。五味《ごみ》は人の口をして爽《そう》ならしむ。馳騁《ちてい》田猟《でんりょう》は人の心をして発狂せしむ。……是《ここ》を以《もっ》て聖人は腹《はら》を為《な》して目を為さず。

（『老子』第一二章）

赤黒青などのあざやかな色彩は人の目をくらませる。五音階によってかなでられる音楽は、我々の心を奪って、そのあまり、正しい音色の感覚を失わせる。五味をふんだんに用いたおいしいご馳走は人の味覚をダメにする。楽しい行楽も、それにおぼれると身を亡ぼすハメになる。……そこで聖人は、〈腹を為す〉腹式呼吸の鍛練を積んで〈〈道〉を体現し〉、外面的なものに目を奪われないようにする。

あざやかな色彩〈五色〉や妙なる音楽〈五音〉、そして美味なるご馳走〈五味〉や楽しい行楽〈馳騁田猟〉などは、私たちの目や耳、さらにはその心を奪って、結局のところ私たちの知的な判断を狂わせる。それは、それらが全くその場限りの相対的な出来事であり、皮相な刹那《せつな》的内容しか含んでいないものだからなのです。

そこで〈聖人〉は、それらには〈目〉を向けず、むしろ、その〈腹を為す〉と老子は言っているのですが、この〈腹を為す〉という言い方こそ、まさに腹式呼吸を基本とする、身体的鍛練そのものの表現であると考えられるのです。およそいかなるかたちのものであれ、自分の意識を深めて、真の自己を体現してゆこうとするための身体的鍛練、つまり修行の基本は、まさにこの腹式呼吸なのです。それは、座禅《ざぜん》にしろヨーガにしろ、あるいはまた、あらゆる芸道・武道などにおいて一貫して共通に見られるところの、まさに修行の基本なのです。

これを私たち自身の問題としてとらえてみれば、要するに、私たちはそれぞれ自分の得意な、あるいは興味のある分野から入っていったらよいのではないでしょうか。お茶でもお花でも、踊りでも絵画でも、あるいは柔道でも剣道でも、サッカーでも野球でも、ありとあらゆる身体的鍛練は、必ずこの〝呼吸〟を重視します。もし今まで「そんなこと考えてもみなかった」とおっしゃる向きがおられるなら、これからは、ほんの少しそこのところにも意を注いでみるようにしてみてくださ い。きっとあなたのなさっている鍛練が、〈道〉へと至る修行であることに気が付くはずです。

かつて、ある名バレリーナは、「私はつま先で息をしている」と言ったと伝えられています。これこそ、その人本人にしか分からない〈道〉の表現ではありますが、その人物が、何らかの〝呼吸〟を体得していたことを物語る、きわめて興味深く、また重要な言葉であると思われます。

こうして身体的鍛錬（基本的に〝呼吸〟の鍛錬）を通じて、おのが意識の深層領域を開拓し、そこに人間の真実——より率直には、自分自身の真の姿としての〝自己〟（ユングのいわゆる〝セルフ〟）を体現する、これが老子のいわゆる〈腹を為す〉という修行の実際であった、と思うのです。

五行＼配当	方角	季節	色彩	音階	内臓	味覚	感情
木	東	春	青	角	肝	酸	怒
火	南	夏	赤	徴《ち》	心	苦	喜
土	中央	土用	黄	宮	脾	甘	思
金	西	秋	白	商	肺	辛	憂
水	北	冬	黒	羽	腎	鹹	恐

五行配当図

身心をつなぐ呼吸

さて、そこでさらに一歩を進めて、「なぜ呼吸なのか」ということについて考えてみたいと思います。この点については、まだ断定的なことは言えないのですが、要するに、私たち人間の呼吸運動が、私たちの心と身体をつなぐ、いわばミッシング＝リンクになっており、その呼吸運動のトレーニングを通じて、私たちの心と身体とをしっくりと調和しつつ、さらに意識の深層領域を開拓して、私たちの見えざる真の自己のありかたを明らかにしてゆこうという考え方の、まさに最重要のポイントとなっていると考えられるのです。

このことをもう少し詳しく説明しますと、私たちの全身を貫く神経系統には、体性神経と自律神経とがあります。この体性神経は随意筋、つまり手や足など、いちおう自分の意志によってほぼ自由に（決して全くの自由ではありませんが）動かせる系統の神経です。また自律神経というのは、心臓の鼓動や胃の蠕動《ぜんどう》運動のような不随意筋の動きをつかさどる神経の系統です。通常これら両系統の神経は、決してそのはたらきを共通したり交換したりはしないとされているのですが、たったひとつだけ、呼吸運動だけは違っています。

すなわち、私たちの呼吸運動だけは、右に述べた体性系の神経系統と自律系のそれとの両方に属しているのです。つまり、私たちは、通常全く何ら意識することなく自然に（文字どおりの〈無為自然〉です！）呼吸をしています。目醒めているときと同様、眠っているときも全く変わらず呼吸を続けています。ただ、もし今、意識してこれをちょっとの間とめようとすれば、できないことはありません――あくまでほんの少しの間ですが……。また、それとは反対に、これを長く、深呼吸するときのように伸ばすこともできるのです。要するに、この呼吸運動だけは、体性系の神経系統にも属しているし、また同時に自律系のそれにも属しているのです。

そこで体性神経とは、すなわち〃身体〃をめぐる神経系統であり、また自律神経の方は、無意識の分野に属する、つまり〃心〃の働きに連動する神経系統であるとするならば、この体性神経と自律神経とをつなぐ架け橋である呼吸運動は、そっくりそのまま身体と心とをつなぐミッシング＝リンクであるということになるわけです。ですから、この身体と心とをつなぐための鍛錬としての呼吸法の問題は、心と身体との連関を論ずる、いわゆる〃身心論〃や、それに基づく各種の修行のメカニズムの解明に、きわめて重要な位置を占めているのです。

つまるところ、呼吸法の鍛練が、〃身心一如〃を実現するための、最も基本的で重要なポイントだったのです。そうであればこそ、繰り返しになりますが、この呼吸法の鍛練こそが、座禅にしろ

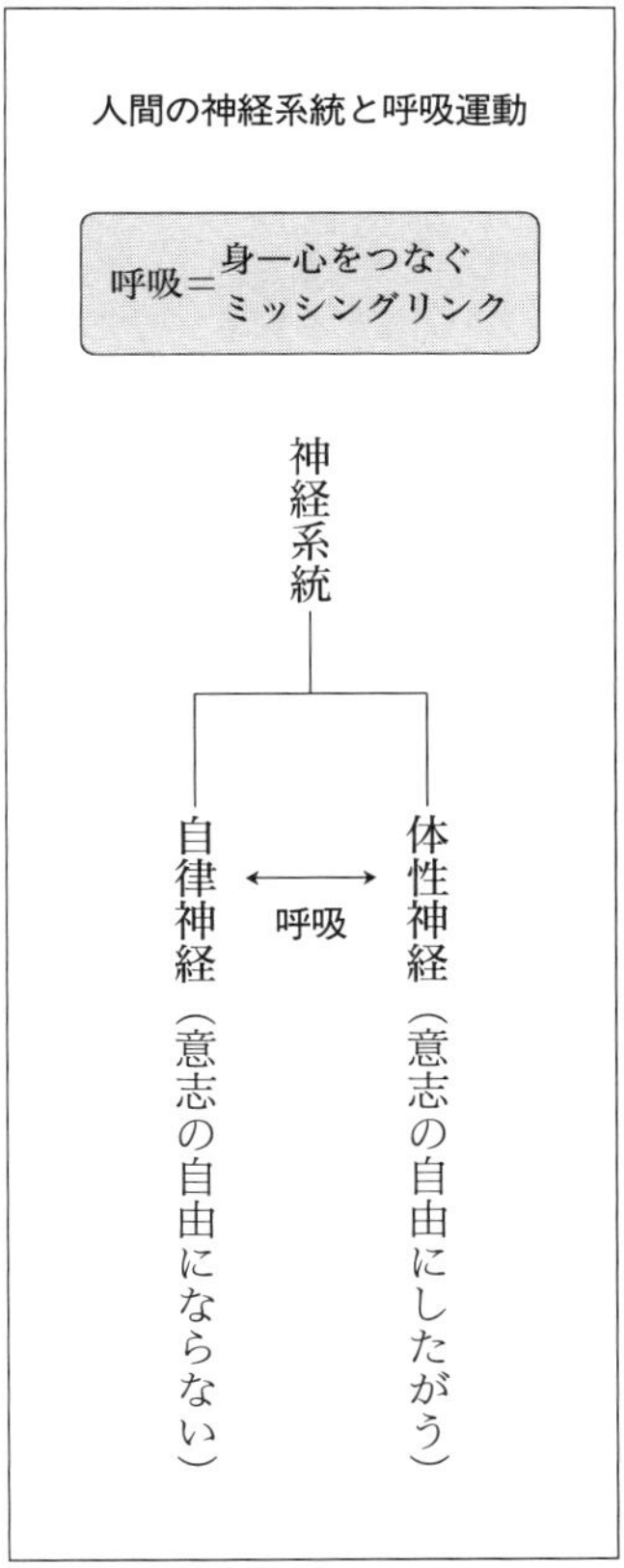

ヨーガにしろ、あるいはまた、あらゆる種類の、およそ〝修行〟と名のつく身心の鍛錬における基礎として重要視されてきたのです。このことは、洋の東西を問わず、古代の、やはり〝真実の人間のあり方〟を、その全人格を賭して追究した人々が、共通して注目していた事実であったのです。たとえば、古代ギリシャの人々は、これを〝プネウマ〟(人間の生命と思考活動の根幹をなす〝気息〟)と呼んで重要視していましたし、また古代インドにおける人間存在と宇宙全体の真理を体現する、いわゆる「梵我《ぼんが》一如説」の「我」=アートマンとは、本質的に私たち人間の〝呼吸〟のことだったのです。

〈気〉の鍛錬

そこで中国古代の修行者たちは、彼らのこの呼吸法の鍛錬を〈気〉の鍛錬という言葉で表現し、説明しようとしました。ここでことさらに〈気〉とは何か、などという(悪い意味での)科学主義的追究をする必要はないと思います。極端なことを言えば、〈気〉などというものは(科学的には)存在していない、と言って言いすぎであれば、恐らくそれは、〝科学〟というものの見方にはそぐわない、しかし私たち人間にとって最重要の〝何か〟であると考えておけばよいでしょう。難しい(そして不毛な)理屈を考えるより、私たちおのおのが、それぞれ得意の分野で「あ、これが気か!」と気付いて生きていることこそが肝要なのではないでしょうか。

この〈気〉の鍛錬については、老子も、

〓気を専《もっぱ》らにして柔《じゅう》を致《いた》し、能《よ》く嬰児《えいじ》たらんか。（『老子』第一〇章）

気を一箇所に集中して（深い境地を獲得し）、何事にも対応できる柔軟さを身につけること、嬰児のごとくにできようか。

と言っています。先に見た第一二章（二九ページ）の〈腹を為す〉と全く同一の脈絡にある言葉であろうこと、すでに説明を要しないと思います。

ただ、ここで注意しなければならないことは、単に〈気〉を集中すればよい——日本風に言い換えれば、あるいは〝気合いを入れる〟とも表現できるかも知れません——ということではなく、中途半端に〝集中〟するだけでは、かえって逆効果であるということです。スポーツなどでも、ただやみくもに「気合いを入れろ」とか「気をぬくな」と言って〈気〉を集中することだけに躍起になるあまり、結果としてむしろ逆効果になっていることは往々にして目にする事実でもあります。

あるレベルの技術を追究する場面で、そのように〈気〉を集中するきびしさが要求されることは全く当然のことですし、フッと〈気〉をぬいた時に、ケガをすることが多いのも分かります。ただ、〈気〉を集中することに急ぐあまり、その結果として、生半可な、意識の浅いレベルでの〝集中〞しかできず、かえって、残念ながら、単なる小手先のテクニックだけがわずかばかり磨かれ、決して真の身心一如の、まさに思うがままの自由闊達《かったつ》な動きができないとしたら、それはやはり〝集中〞に固執するあまり、かえって逆効果になっていると言わざるをえません。だから老子も、

為《な》す者は之《これ》を敗《やぶ》り、執《しゅう》する者は之を失う。是《ここ》を以《もっ》て聖人は、為すことなし、故《ゆえ》に敗ることなし。執することなし、故に失うことなし。（『老子』第六四章）

ものごとを成すことに躍起になると失敗する。またものごとに固執するのも失敗のもとである。このような理由から、聖人たるものは、ものごとを成すのに躍起にならない、だから失敗しないし、またものごとに固執しない、だから、やはり失敗しないですむのである。

と言い、さらにいっそう単刀直入に、

心、気を使うを強《きょう》と曰《い》う。（『老子』第五五章）

心に（意識されるほどに、不必要に）気が集中することを（心の）強《こわばり》というのである。

等と言って、過度の集中を戒めるのです。

いわゆる〝大舞台に弱い〟選手たちというのも、恐らくこのような、やみくもな〈気〉の集中のもたらすものではないでしょうか。彼らが勝てるのは、せいぜい同一地区内、同一リーグ内で、その日常的な主戦場を超えて、より広い範囲の強豪が集まった試合場に出たときには、全く実力を発揮できないまま残念な成績に終わることになってしまうのです。日頃から気合いを入れることばかりに一所懸命になるあまり、パンパンに目一杯気が張りつめてガチガチに堅くなった状態で、いつもと違うひとまわり大きな試合に臨んだとしたら、果たして日頃と違う戦況に対して柔軟に対応してゆくことができるでしょうか。

だから名コーチ・名監督と言われる人たちは、ただ単に気合いを入れるだけでなく、むしろこの〝気をぬく〟（と言うとちょっと語弊がありますが、あくまでよい意味で、ガチガチに固まった〝気〟をほぐす）ことの方法やタイミングの取り方が、じつにうまいのです。

いつぞやのオリンピックの柔道で金メダルを取ったある選手が、インタビューに答えて、決勝に臨むまえ、ヘッドコーチのあるひとことで「楽に戦えるようになりました」と言っていました。そのときヘッドコーチが具体的に何と言ったか、ということは分かりませんが、そのとき、その場面にピッタリの〝気をほぐす〟ひとことを言ったのでしょう。

ここまで来れば、もはや、老子の〈気を専らにして〉（第一〇章、三五ページ）に続く言葉、〈柔を致す〉についての説明は要らないでしょう。ただ単に〈気〉を集中するだけではなくて、そのことによって自分自身の意識の深い領域に光を当てて、真の自己に覚醒するくらいの境地に達しなければ、柔軟な精神はもたらされないのです。そうしてはじめて、〝気をぬく〟ことの方法やタイミングも、はっきりと自覚して行使できるようになるはずです。

〈嬰児〉への復帰

ところでもうひとつ、老子の言葉の中の〈嬰児〉についても、少しお話ししておきたいと思います。〈嬰児〉とは文字どおり、〝赤ん坊〟のことです。

ではなぜ〝赤ん坊〟なのでしょうか。赤ん坊の心は、いわば〝無意識そのもの〟です。つまり、理性による思考がほとんどなく、意識の表層と深層の領域に区別がないのです。言い換えると、赤ん坊は全く〈無為自然〉の状態で生きているのです。

これは、ある意味では、私たち人間にとって理想的なあり方ではあります。ところが、そのままで、つまり全く本能のままに生きて大きくなってしまうと、ひとりの〝人間〟としては何かと不十分な状態のまま身体だけ大きくなってしまい、いろいろなところで支障をきたすことになってしまいます。アリストテレスも言うとおり、人間は〝社会的動物〟（ゾーオン＝ポリティコン）だからです。

そこでまわりの大人たちが、〝しつけ〟とか〝教育〟と称して、赤ん坊に理性的に思考することを教え、人間的環境の中で生きてゆく方法や、ものごとのしくみを理解できるようにするわけです。それはそれで、赤ん坊が成育する過程で身につけるべき大切なことがらのひとつであり、決してないがしろにすることはできません。しかしどうでしょう、私たち〝大人〟は――いろいろ考え方もあるでしょうが――あまりにも赤ん坊や小さな子供たちを、きっちりとした〝カタ〟にはめ込むことばかりに気を取られすぎてはいないでしょうか。

そこには、まず大きなカン違いがひとつと、もうひとつ身勝手な大人のエゴがあるように思えてなりません。〝しつけ〟とか〝教育〟というのは、その対象となる人物――多くの場合は赤ん坊や子供――を、一種の〝カタ〟にはめ込んで、大勢の他者と共通する、もしくは共同の行動のパターン、あるいは思考のパターンを持つようにしむけることです。そして、そのお陰で、私たちはいちおうまともな社会生活をいとなんでいることも全く事実ではあります。しかし、その〝カタ〟にはめる／はまることは、あくまでも〝スタート地点〟なのであって、決して〝ゴール〟ではないのです。〝形から入って形をぬける〟とは、よく茶道や花道、さらには武道の修行において言われる、まさに言いえて妙の名言ですが、要するに、ひとつの〝カタ〟が身に付いたら、そこから先が、いわば本番なのだ、といいことでしょう。

言い方を変えれば、いちどはまった〝カタ〟を打ち破って、こんどはその人自身に固有の本当の〝人生〟を切り開いてゆくことこそが、何よりも肝要なことなのではないでしょうか。大人の勝手なエゴを押し付けるのではなく、各個人に固有の本当の人生を歩んでゆけるように子供を〝しつけ〟、そして〝教育〟することこそが、人の親であり教師である人々の最大の務めではないでしょうか。

そうであればこそ、老子は〈嬰児〉を強調するのです。それは決して大人になっても〈嬰児〉のような純真な気持ちを忘れない、というような比喩ではありません。そうではなくて、それはむしろ、自分の意識の深層領域——つまり、だれもが〈嬰児〉のときは自然にそうであったあり方——を現実に体現している存在、という意味で、老子の考え方からすれば、〈道〉の実例なのです。それゆえにこそ、老子は〈嬰児に復帰す〉(『老子』第二八章)、つまり、赤ん坊(の意識)の状態に帰る、と言うのです。いったんは理性的な思考を身につけて、社会的なワク組みの中において身を処してゆきながら、決してその中で真の自分を見付ける試みを放棄することなく、それを追い求め、最終的に〈道〉を体現して真の人生を送る人物の心は、決して比喩的表現ではなく、現実に〈嬰児〉のそれなのです。その意味で、私たちはすべからく〈嬰児〉に帰ってゆかねばならないのです。

そしてその〈嬰児〉のあり方を実現する道程が、この〈道〉を体現するための行程にほかならないのです。

4 〈道〉への修行

〈道〉への第一歩

そこでさらにお話を続けて、老子の〈道〉へ至る修行の道程について、さまざまな老子の言葉を見てゆきたいと思います。そこには、呼吸法を中心とする身体的鍛練を通じて、次第に意識が深まって真の自己たる〈道〉に到達する様子が切々と綴られています。

虚《きょ》を致《いた》すこと極まり、静《せい》を守ること篤《あつ》くす。万物ならび作るも、吾《われ》は以《もっ》て復《かえ》るを観《み》る。それ物の芸芸《うんうん》たるも、各々その根に復帰す。

（『老子』第一六章）

意識を虚無なる深層領域に向かって退行させて、これを極め、何ものにもかき乱されない静《せい》謐《ひつ》な状態を守る。心の奥底からさまざまなイメージが湧き出てくるが（それはまだまだ真の自己としての〈道〉と言えるほどのものではないので、さらに〈気〉を集中し、意識を深めてゆくと)、それらもようやく落ち着いて、その根源的な状態に帰ってゆくのが見える(そして、いよいよ真の〈道〉が見えてくる)。修行をしているときに心の底から陸続と湧き出てくるイメージも、こうして取り扱えばすべてぴたりとその本来の姿に帰るのである。

呼吸法を基礎とする身体的鍛練を積んで意識を深めてゆくと、その深層領域から、さまざまなイメージ(それは専門的に〝イマージュ〟と呼ばれることもあります)が流出してくることがあるようです。それは一種の神秘体験であるとか、あるいは何か特殊な〝象徴〟のたぐいではないかなどと思われるかも知れませんが、むしろ、それらはものごとの真実、そしてさらには真の自己たる〈道〉への導入部をなす、言ってみれば〈道〉への大切な第一歩であると考えた方がよいでしょう。そして、そういったイメージを仏教の世界観に添って描き上げたものが、いわゆるマンダラです。かの精神分析学者C・G・ユングが、このマンダラに興味を持ち、きわめて重要視したと伝えられるのも、マンダラというものが、そもそもこういった深層意識から流出してくるイメージをもとにして描かれたものであることにかんがみれば、まことにもっともなことであると言えるでしょう。

マンダラ

心の奥底から流出してくるイマージュの図像化

おおむね下のような、いわゆる
“魔方陣”の形を形成する

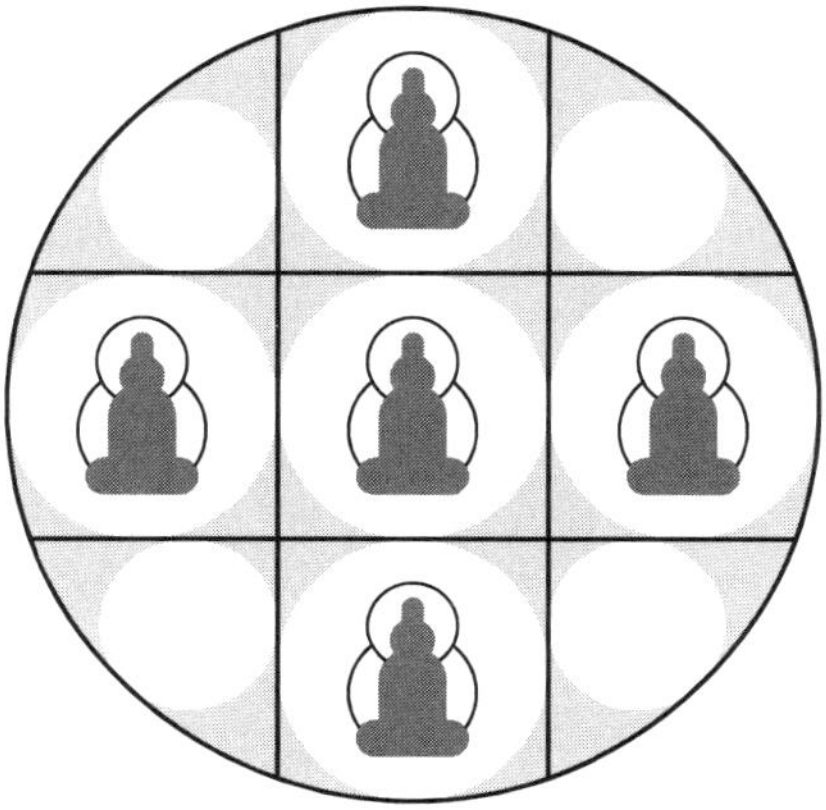

〈静を守る〉

とはいえそれは、あくまで〈道〉への〝第一歩〟です。決してゴール、すなわち〝私〟の真実としての〈道〉そのものではありません。まだまだ奥があります。果たして、仏教の修行者たちは、これを〝魔事境《まじきょう》〟とか〝禅病《ぜんびょう》〟などと呼んで注意を促しています。そこで、のちに詳しくお話ししますが、この段階においては、要するに、荘子の言う〈槁木《こうぼく》〉〈死灰《しかい》〉（一〇三〜一〇四ページを参照）のように〈静を守る〉のです。心静かに明鏡止水《めいきょうしすい》のごとく、心の深層領域から浮かび上がってくるさまざまなイメージを見守っていれば、ほどなく落ち着いて根源的な状態に戻り、いよいよ本当の〈道〉の世界が開けてくるのです。

〝修行〟を積んだ高徳の仏教者が座禅を組んだときの脳波を計ると、普通の人ならば、静かに寝ているときの波形が現れると言われています。何でも科学的に理屈で説明したからといって、それで分かったつもりになってはいけないのですが、〈槁木〉〈死灰〉のごとき静謐な心の状態を理解するための、ひとつのたとえとして理解していただければよいでしょう。

目は覚めて、ちゃんとした明白な意識もあるのに――したがって、普通の私たちならば種々さまざまな刺激によって、感覚器官は攪乱され、思考のスジも寸断されがちな状態になるのがあたりまえなのに、そのような意識の乱れがなく――全く静かな脳波の出る心の状態で、ものを考え、ものごとを知覚したら、いったいこの〝世界〟はどのように見え、またどのように深く明快な思索が展開されるのでしょうか。

それは言うまでもなく、人によっていろいろな、それこそ千差万別な〝見え方〟や、あるいは〝分かり方〟があるでしょう。ただどのようなかたちであれ、それは、さまざまな雑念にかき乱され、その上、多くの刺激に邪魔されて、真実の自己はおろか、身のまわりのものごとの実際すら全く把握できていない、私たちの日常的な知覚とはうってかわって、すべてのものごとが、しっくりとそのあるべき場所に落ち着いて、そのありさまが明確にとらえられ、しかもその〝現実〟に対して、自分がどう対処していったらよいか、本当に分かっている状態であると言えるでしょう。現実の事態が正確にとらえられ、かつ自分自身が本当はどのような人物であるのかが見えているのですから、そこで自分がどう対処してゆくべきかということも、じつに正確に、かつ簡潔に分かってくるわけです。

以前、私のゼミのI君は、そのような問題について中国医学の立場から勉強をして卒論を書き、さらに鍼灸《しんきゅう》の勉強を積み、今では立派な鍼灸師として一人立ちして活躍してくれています。その彼の卒論のタイトルこそ(内容はともあれ!?)、忘れもしない「何が見えますか」でした。彼はその鍼灸の修行を通じて、そして私たちはまた、それぞれ自分に合った方法で鍛練を積んで、〝見える〟人になってゆけばよいのではないでしょうか。そのためのヒントを、本書からつかみ取っていただければ幸いです。

さて、そうしていよいよ、真の自己としての〈道〉の世界に連なってゆくわけですが、そこでは日頃私たちが思ってもみなかったような、それまで自分で考えていたのとは全く違った〝自分〟が見えてくるはずです。かつてアリストテレスは、〝驚き〟（タウマゼイン）こそが哲学の第一歩である、と言いましたが、その〝驚き〟こそが〈道〉への第一歩でもあるのです。

そうした状態で、さらに他の人々――他の〝私〟たち――そしてまた、この世の中全体を見つめ直して見ると、もうひとつ〝本物〟に近いそれらの姿が見えてくることでしょう。それこそが〈道〉の世界なのです。

〈鋭を挫く〉

さらに続けて老子の言葉を見てゆきましょう。

その兌《あな》を塞《ふさ》ぎ、その門を閉《と》ず。その鋭《えい》を挫《くじ》き、その紛《ふん》を解く。その光を和《やわ》らげ、その塵《ちり》に同じくす。是《こ》れを玄同《げんどう》と謂《い》う。（『老子』第五六章）

目や耳などの感覚器官をシャットアウトして、意識を心の内側に向ける。理屈だけを鋭くめぐらすことをやめ、（理屈だけに偏っていたために起こる）思考の紛糾を解く。意識の奥底（の〈道〉の世界）へと深く降りてゆくにつれて光はにぶくなり、そこに堆積していた塵の中にひっそりと沈んでゆく。これを玄同――玄妙な（〈道〉との）同一化という。

ここで〈兌《あな》〉とか〈門〉と言われるのは、私たちの目や耳、つまり感覚器官のことで、それらを〈塞《ふさ》〉ぎ〈閉《と》〉じる、というのですから、もちろん基本的には、それらの感覚器官をシャットアウトして、意識を心の内側に集中するように努めるわけですが、それは決して独善的にそうして、外界との接触を断ち、自我のカラに閉じこもるということを言っているのではありません。そうして自覚した自己の真実をもとにして、さらに他の〝私〟たち、そして身のまわりの世界の実相を正確に把握して、真の人生を歩んでゆくことこそが、老子が本当に言おうとしていることなのです。繰り返しになりますが、彼の思想は決して単なる隠遁の思想ではないのです。のちにまた詳しく論じますが、いったんは便宜的に閉じた目を、〈道〉を自得した後で、もういちど開いて、そこから本当の人生を切り開いてゆかなければならないのです。

とはいえ、ここはさらに心の内奥のありさまについての老子の言葉が続きます。理屈でものごとを割り切って考えてゆけば、それは一見きっちりとカタが付いたように見えますが、じつはその陰に取り残された、しかし大切な要素がたくさんあって、事態は片付くどころか、いっそう面倒なことになってしまっているのです。そこでその上さらに理屈を重ねていったらどうなるか、さまざまな問題が、さらに複雑化していってしまうのです。あまりよいことではありませんが、このような例は、探せばいくつでも見付かることでしょう。その理屈でものごとをクールに割り切って考えてゆこうとする態度が、ここにいう〈鋭《えい》〉です。一見、それは冷静な生き方のように映りはしますが、実際にはきわめて安直で皮相な〝割り切った〟態度であり、自己の真実をみずから切り開く生き方ではないのです。したがって、老子はこの〈鋭〉を〈挫《くじ》〉いて、むしろ〈道〉の立場からものごとの真のあり方を見きわめて、その問題〈〈紛〉〉を解決してゆこうと言うのです。

〈和光同塵〉

そこで最後に〈和光同塵〉——その光を和《やわ》らげ、その塵《ちり》に同じくす——と、最も老子らしい名文句のひとつが出てきます。これはしかし、決して「目立たないように静かにして、大衆の中に身を隠す」といった逃避的な処世術を言うものではありません。何度も繰り返していますように、老子の思想は決して逃避的な隠遁のそれではありません。そうではなくて、これは、自分の意識の深層に退行してゆき、その奥の奥に沈んでゆくありさまを、例によって老子らしく単刀直入に、〝分かる人には分かる〟式に表現している言葉なのです。このことは、この一文の前後の文章を見ても十分にうなずけることであると思われます。ここまでずっと、意識の深い領域に自己の真実としての〈道〉を体現して生きることを述べてきていながら、ここだけ一転してあさはかな処世術を言ったのでは、まるでちぐはぐで前後がつながりませんし、そもそも、その程度の処世訓が、人類の古典として三千年近くにわたって大事に語り継がれてこられるわけがありません。

このような意識の深まりゆくありさまの表現は、たとえばニーチェ（『ツァラトゥストゥラかく語りき』）やランボー（『地獄の一季節』）、そして富永太郎という日本の詩人の作品（「秋の悲嘆」）などにも見られる、意識の奥底に〝何か〟をつかみ取った人たちに特有の形式です。それは老子で言えば〈道〉の世界です。そこはいわば私たちの魂の落ち着き場所であり、しっくりとあるべきところに安住した私たちの精神は、真の〝安心〟を得るのです。しかし、それは、まだまだ最終的な目的地ではありません。そこからさらにこの現実の世界をふり返り、その中で真の自己を実現してゆく、というのが、ほかならぬ老子の〈道〉の一大特質であると思われます。そしてこれこそが真の〈玄同〉——すなわち、玄妙な〈道〉との同一化——なのです。

〈知る〉ことの意味

ところで、ここでは便宜上、引用しませんでしたが、じつはこの老子の第五六章の前半部分には、先に（六ページ）ちょっと触れた、

一　知る者は言わず、言う者は知らず。

という一文が見られます。これはこの第五六章の内容だけでなく、むしろ広く老子の〈道〉について全体的・一般的に述べている一文であると思われます。

それはもちろん第五六章の言葉についてもあてはまることですが、必ずしもここの言葉だけに限定された内容を持つものでもないように思われましたので、先ほどはあえて一緒に引用せずにおきました。ここで改めて説明をつけ加えることにします。

さて、この一文で最も重要なポイントは、〈知る〉という言葉であると思われます。この言葉の本当の意味が分かっていないと、老子の真意も全く分からないことになってしまうばかりか、かえってあさはかな処世訓の表現か何かと誤解してしまうわけです。

ところが、これがまた、言葉で説明するのはなかなか難しいのですが、あえてなるべく嚙み砕いて言うならば、ここで老子の言う〈知る〉とは、たとえば、日本の首都は東京である、とか、あるいは、アメリカン=フットボールの試合でタッチダウンすると六点が与えられる、といった知識を持っているということではなくて、あることを自分のものとして、あるいは自分の問題として、みずから分かっている、ということであると言えるでしょうか。

たとえば、かつて精神分析学者のC・G・ユングは、「私は神を知っている」と言って物議をかもしたと言われていますが、この場合、彼はただ単にキリスト教の教義や『聖書』の記載についての知識を積み重ねて持っているというのではなく、本当に「これが神というものだ」という〝何か〟

を自分でつかみ取って分かっていたのです。またたとえば、もう少し身近なことで――しかし、それを理解するのは、やはり、そう簡単ではないでしょうが――あるミュージシャンの女性が、「私は小さいときから、人を好きになるということがどういうことか、分かっていた」と言っているのを何かで読んだことがありますが、この場合の彼女も、「人を好きになる」ということが――胸がワクワクするとか、切ない気持ちになるなどといった抽象的なことでなく、むしろ――具体的に、彼女自身にとって「こういうことだ」という切実な現実として分かっていたのでしょう。単なる知識の切り売りでなく、自分のこととして分かっている、という好例であると思われます。

このようにして、〈道〉というものを自分の問題として分かっている、ここで老子は、そういう意味で〈知る〉と言っているのです。だからそれは言葉で〈言えない〉のです。言葉で〈言える〉ような知識のひとつではないからです。それでも、これを他人に説明して分かってもらおうとするならば、これはもう言葉で言うしかない、というのが、老子や荘子や、さらにはそういった体験を持ち、それぞれの〈道〉を開拓した人々に共通の、なんとも切実なジレンマだったのです。このことについては、またのちに何度か触れることがあるでしょう。

かくして私たちは、これまた後でお話しすることになる、荘子の〈渾沌《こんとん》〉(『荘子』「応帝王篇《おうていおう》」、一五七・二二五ページ)のごとき〈玄同〉を体現するに至るのです。さらに話を続けましょう。

無名であること

今お話ししましたが、老子の〈道〉の主旨は、決して独善的な自分だけのカラに閉じこもることではなく、むしろ、その〈道〉の真実をこの現実の世界において体現しようというものでした。そこで、次のような老子の言葉が見られるのです。

玄覧《げんらん》を滌除《てきじょ》して、能《よ》く疵《し》なからんか。民を愛し国を治めて、能く知らるることなからんか。天門の開き闔《と》じて、能く雌《し》をなさんか。明白四達《めいはくしたつ》して、能く無為ならんか。（『老子』第一〇章）

（意識を深める鍛練をしているときに心の奥底から流出してくる）玄覧（にとらわれることなく、それ）をきれいに払い清めて、明鏡止水のような心でいよう。〈道〉を体得して、それで為政者になった場合は）国民をいつくしみ、国家を治めて、それでいて、おのが無名を守ろう（有名になることが目的ではないのだから）。〈天門〉（呼吸口、つまり鼻や口）が開き閉じして（呼吸法を鍛練し）、（宇宙のすべてを包み込む太母原型の象徴たる）〈雌〉なる〈道〉を体得しよう。そうして世界のすみずみまでを〈明白四達〉（まわりのことすべてに熟達）して見きわめていながら、ことさらに自分から動き出さないで、自然の動きに任せよう（〝見えて〟いれば、とかく動きたくなるのは人情だが、そこで一歩踏み止《とど》まる忍耐力を身につけるのである）。

この一文は、先に引用した『老子』第一〇章（三五ページ）の〈気を専《もっぱ》らにして柔《じゅう》を致《いた》し、能《よ》く嬰児《えいじ》たらんか〉に続く一節です。呼吸法のことや、心の深層領域から湧き上がってくるイメージのことなど、まず最初にお話ししておいた方がよいことが多々ありましたので、あえて分断し、第一六章や第五六章を先に見てから、その残りの部分をここに引用したわけです。

ここで〈玄覧〉と言うのは、先に見た第一六章（四一ページ）に言うところの、〈芸々《うんうん》〉として、つまり陸続として心の深層領域から湧き出てくる種々雑多なイメージ群のことで、これに意識を乱されることなく、文字どおり明鏡止水のごとき澄んだ心で〈和光同塵〉（『老子』第五六章）して、その〈根〉（『老子』第一六章）たる〈道〉を体得しなさい、と言うのです。

そして、そのようにして、我が身を律し、その上で政治を担当する人物になれば、それはもう理想の政治家になれるでしょう。しかし、何ごとも特別なことはなかったように難なく治世を遂行してしまいますから、一般の人々には、むしろ〈知らるることなし〉、つまり〝無名〟であるのです。たとえば野球で、三遊間を抜けそうな痛烈なゴロをダイビング＝キャッチしたり、あるいは外野手の間を抜けそうなフライを飛び込んできてスライディング＝キャッチすれば、一般の観客は大いに沸き、それこそヤンヤの喝采、ということになるでしょうが、本当は、それでは困るのです。

本当の名選手であれば、あらかじめピッチャーの配球やバッターの構え（スイング）などからボールが飛んでくる方向を見極めて、そちらにシフトするなり、少なくとも心の準備をした上で、さらに動作が機敏でスピードがありますから、十分に余裕を持ってボールを身体の真正面できっちり捕球できるのです。観客側からすれば、全く何の変哲もないサード＝ゴロやセンター＝フライなのですが、本当は先のダイビング＝キャッチやスライディング＝キャッチよりも、遥かに高度なプレーなのです。文字どおり〈知らるることなし〉なのです。

〈明白四達〉

〈天門〉は、ほかの解釈もあるのですが、ここはやはり、意識の深層領域における〈道〉の体得についての一連の記述ですので、私たち人間が呼吸をする窓口、つまり鼻と口のことであると考えてよいでしょう。

また〈雌〉というのは、のちに触れる〈食母《しょくぼ》〉（『老子』第二〇章、六四ページ）と同様、渾沌としてすべてを包み込む太母原型の象徴的表現でしょう。理性でもって〝汝なすべし〟というゾルレンの体系を主張する儒家的発想に対して、老子や荘子は、善も悪も——しょせん、それらは頭の中のリクツだけで割り切って考えられた相対的な判断にすぎないのだから、それらに縛られることなく、それらを——包み込んで、真の善・悪を〝我がもの〟として理解しようとするのです。

そうして〈道〉を体得し、それをもとにして〝人間〟を理解し、〝世界〟を把握して——〈明白四達〉して——政治であれ何であれ（あるいはまた、たとえば学問であれスポーツであれ）、各人に得意の分野で活躍しながら、ことさらなる所作がない――つまり、先の野球の例でもそうでしたが、〝いかにも〟という作為がない――ので、その行動は、全く自然で目立たない。その結果、〈無為〉であると言われるのです。

この〈無為〉については、また改めてお話しすることとして、ここでは次のことを分かっていただければよいと思うのです。心の深層領域を開発する身体的鍛練は、初めはとりあえず自分の心の中へ中へと進んでゆくものであるがゆえに、一見すると、いかにも外界との接触を断って、自分のカラに閉じこもって独善的な〝エセ悟り〟の世界に自己満足するもののように誤解される可能性もあるかも知れません。しかし、真の〈無為〉とは、意識の深層領域において〈道〉を体得したのちに、再びこの日常的な世界に舞い戻って、この〝現象世界〟の中でおのが本懐を遂げること――のちに触れるとおり（八五ページ）、老子は、このことを〈私《わたくし》を成す〉（『老子』第七章）と表現しています――を最終的な最重要の目標とするものであるのです。

5 〈道〉の境地

視れども見えない〈道〉

さて、〈道〉を体得するための身体的鍛練について述べてきましたが、その体得されるべき〈道〉も、これまたはっきりした形のない、一種不可思議な存在ではあります。これまで引用したいくつかの老子の言葉と全く同じ脈絡において、老子はまた次のようにも言っています。

之《これ》を視《み》れども見えず。名づけて夷《い》という。之を聴けども聞こえず。名づけて希《き》という。之を搏《とら》うれども得ず。名づけて微《び》という。此《これ》ら三者は、致詰《ちきつ》するべからず。故《ゆえ》に混《こん》じて一となる。その上も皦《あきらか》ならず。その下も昧《くら》からず。縄《じょう》縄《じょう》として名づくべからず。無物に復帰す。是《こ》れを無状の状、無物の象《しょう》という。是れを惚恍《こっこう》という。……

（『老子』第一四章）

〈道〉（の姿）を視ようとしても見えない。だからこれを〈夷〉（ぼんやり）という。〈道〉（の音）を聴こうとしても聞こえない。だからこれを〈希〉（かぼそい）という。〈道〉（の実体）をとらえようとしてもできない。だからこれを〈微〉（うつろ）という。このように道は、感覚でとらえようとしてもとらえられないものである。だから渾沌とした一体なのである。上から見ても明らかでなく、かといって下から見ても暗くない。陸続として流出する名づくべきもないイメージ群。それも静まって無物の状態に戻ってゆく。それこそが〈道〉の窮極のあり方であり、それを〈無状の状〉〈無物の象〉と言う。それはまた〈惚恍〉とも言われる。

柔術の鍛錬を積んで、空気投げの極意を体得したとします。しかし、いかなる柔術の名人であろうとも、その空気投げの極意そのものを取り出して他人に見せることはできません。いわんや、個人個人の真実の姿など、その人自身が自分で分からないことには、いかにも分かりようがありません。そして分かったとしても、どうにも言葉に言い表せない、あるいは形に表出できないものなのです。

しかし、だからといって、その〈道〉は、決してただ単に〃私たち人間の感覚を超越した存在〃であるなどと、分かったようで、じつは全くわけの分からない説明をしてすませておいてよいものでもないと思います。それでは現代に生きる私たちにとって、あまりにも無意味ではありませんか。

そうではなくて、老子の言う〈道〉は、今ここに現実に生きている私たち自身の真実として、私たち自身の中に実在しているのです。

〈道〉の体現

道の物《もの》たる、これ恍《こう》これ惚《こつ》たり。惚たり恍たり、その中に象《しょう》あり。恍たり惚たり、その中に物あり。窈《よう》たり冥《めい》たり、その中に精《せい》あり。その精はなはだ真《しん》なり。その中に信《しん》あり。古《いにしえ》より今に及ぶまで、その名は去らず。以《もっ》て衆甫《しゅうほ》を閲《み》る。吾《われ》何を以て衆甫の然《しか》るを知るや。此《これ》を以てなり。

（『老子』第二一章）

〈道〉とはどんな物か、といっても、それは恍惚として見定め難いものである。それはたしかにそうだが、そこに〈象《すがた》〉がある。そして〈物《からだ》〉がある。ぼんやりとして見きわめにくいのは事実だが、そこに〈精《いのち》〉がある。しかもその〈精〉がはなはだ純真で、そこに〈信《まこと》〉がある。古今を通じて一貫して〈道〉と呼ばれる真実の自己。その〈道〉を基礎に、世界の事物の真実を見て取る。ほかならぬ、この〈道〉を以てそれを見るのである。

この世界の中に実在する〈道〉とは、〈象《すがた》〉〈物《からだ》〉を持ち、〈精《いのち》〉があり、しかもその〈精〉が純真で、それゆえに〈信《まこと》〉なる存在であり、その〈道〉を体得して、今ここに実在する〈道《わたし》〉自身である、と言うのです。

言い換えてみれば、老子の言う〈道〉とは、ただ単に難しいレッテルを貼って、それで分かったつもりになるべきものではなく、私たちみずからの〈知〉の相対性についてのしっかりした哲学的反省の上に、さらに身体的鍛練を積んでおのが意識の深層領域を開拓し、私たちみずからがその〈道〉を体現してはじめてその真実が理解され、その結果、私たちも真実に生きることを得る、というものであったと思うのです。

そうであればこそ、この〈道〉は、たしかに高邁《こうまい》な存在ではありますが、かといって、私たちから隔絶した絶対的な真理ではなく、むしろ私たちにとって最も身近な真実在であった、と言えるでしょう。

要するに、この〈道〉を体得した私たちひとりひとりが、とりもなおさず、現実に存在する〈道〉なのだ、ということなのです。

〈道〉と〈徳〉

それではこの〈道〉というものは、私たち自身がそれを体得しないことには――もちろんそれに越したことはないのですが――どうにも垣間見ることができないものなのでしょうか。たしかに「名人は名人を知る」と言われるとおり、みずからその〈道〉を体現し、〈道〉として生きていれば、他の〈道〉として実在する人物にも通じて、その人の〈道〉が見えてくることは確かだとは思いますが、まずはなんとかしてそういった〈道〉を、とりあえずはこの日常的な世界の中で垣間見ることはできないのでしょうか。

そこで老子は、〈徳〉という考え方を私たちに提示してくれています。次に引用する老子の言葉は、その典型的な表現のひとつです。

之《これ》を身に修《おさ》むれば、その徳はすなわち真なり。之を家に修むれば、その徳はすなわち余りあり。之を郷《きょう》に修むれば、その徳はすなわち長し。之を国に修むれば、その徳はすなわち豊かなり。之を天下に修むれば、その徳はすなわち普《あまね》し。故《ゆえ》に身を以《もっ》て身を観《み》、家を以て家を観、郷を以て郷を観、国を以て国を観、天下を以て天下を観る。吾《われ》何を以て天下の然《しか》るを知るや。此《これ》を以てなり。

（『老子』第五四章）

道をこの身において修めたら、その（結果として外面に表れる）徳は、真実のものとなる。また、これを一家の中において修めたならば、その徳には余裕が出てくる。さらにこれを郷《むら》の中で修めたならば、その徳は長久になる。さらにまた、その範囲を広げて、これを国において修めたならば、その徳はいよいよ豊かになる。そしてさらにこれを天下《せかい》において修めたならば、その徳は普遍的なものとなる。だから、その一身において道が体得されているかどうかは、その一身に徳があるかどうかを見れば分かり、その家に道があるかどうかは、その家に徳があるかどうかを見れば分かり、その郷に道があるかどうかは、その郷に徳があるかどうかを見れば分かり、その国に道が行なわれているかどうかは、その国に徳があるかどうかを見れば分かり、天下《せかい》に道が行なわれているかどうかも、天下に徳があるかどうかを見ればすぐ分かるのである。すべてこのように道のあるなしは、その徳のあるなしを見れば分かるのである。

要するに、たとえてみれば、先ほどの空気投げの極意などというものは、決して手に取って見ることができませんが、いちどそれで投げ飛ばされてみれば、少なくともそのようなものがあるだろうということは分かるはずですし、また、ある芸術家が真に〈道〉を体得してその芸術活動を行なっているかどうか、といった問題も、実際にその人の作品を見れば、それが〝本物〟であるかどうか、すなわちその作者が本当にみずからの意識の深い領域を開拓して得た、いわば〝生きた〟真実の表現であるかどうか、ということは大体見当がつく、ということなのです。

とはいえ、やはり確実にそれが分かるための最良の手段は、まず私たち自身が〈道〉を体得して、その〝目〟で実際にそれらの〝ワザ〟を検証する、ということだと思います。そうでなければ、本当に空気投げの極意によって投げ飛ばされたのか、あるいはただ単に筋力のパワーだけで投げ飛ばされたのかの判別はつきにくく、また芸術作品にしても、本当の〈道〉が描かれているのか、あるいはただ単にテクニックで作成されたものなのか、という区別がつきにくいでしょう。

もちろん、それらのワザや作品が〝本物〟である限り、それらは内なる〈道〉が目に見えるかたちで表された〈徳〉であり、私たちが日常生活の中で〈道〉に触れる絶好のチャンスであることは確かです。私たちにとって大切なことは、常にそのような〝目〟で、あるいは心構えで、できれば、おのが〈道〉に開眼した上で、世の多くの〈道〉とその〈徳〉に接することではないかと思うのです。まさに〈徳は徳に同じくす〉（『老子』第二三章）なのです。

市中の隠者

以上のように、老子は、真実の自己たる〈道〉の探求の第一歩として、まずいったんは外界との接触を断って、静かに自分自身の心の奥底への退行（くわしくは、〝能動的退行〟と言います）を進めます。それは具体的に言えば、みずからの意識のレベルを下げてゆく身体的鍛練――すなわち、〝修行〟――でした。そしてその上で、そのような〝見える〟目をもって、改めてこの現実の世界を見直すのです。そうしてこそ、人間として到達しうる限りでの、いわば〝人間的真理〟が開かれてくる、ということなのです。

言うまでもなくその背景には、理性的な思索、すなわちすでに見た『老子』第二章（二一ページ）や一二章（二九ページ）に見える、私たち自身の認識能力についての真摯できびしい反省があるのですが、その反省に基づいて、さらに身体的鍛練を行なって、私たち人間にとって最も切実なる真実の自己を体得しようとするところが、老子や、のちに見る荘子といった人々の思想の特質だったわけです。

ただし、〈道〉の探求は、老子において決して終局的な到達点ではありませんでした。むしろ、そこで把握した〈道〉を、この日常的な生活の中で体現してゆくことこそが、老子にとって何にも増して重要なポイントだったのです。〈道〉を体得しつつ、さらにそれをこの現実の世界の中で体現すること、これこそまさに老子の〈道〉そのものだったのです。

とはいっても、そんな老子ではありますが、決して日常的な意識のままで、ただ漫然と、この日常的な世界に流されて生きていたわけではありません。言い換えれば、彼はこの日常的な世界の中にありながら、それでいてその意識はきわめて深く、心に〈道〉を抱いて、つまり、普通の多くの人々とは全く違った意識のレベルで存在する、いわば〝非日常〟の人物だったのです。

要するに、彼はこの〝市中〟に暮らしながら、その心はひとり〈道〉の世界に向かって開かれている、まさに〝市中の隠者〟というにふさわしい人物であったと思われるのです。

老子の次のような独白は、彼のこのような心境を如実に記述するものであると考えられます。

> 衆人は熙熙《きき》として、太牢《たいろう》を享《う》くるが如《ごと》く、春、台に登れるが如し。我ひとり泊兮《はくけい》として、それ未《いま》だ兆《きざ》さざること、嬰児《えいじ》の未だ孩《がい》せざるが如し。儽儽兮《るいるいけい》として帰する所なきが若《ごと》し。衆人みな余りあるに、我ひとり遺《うしな》えるが若し。我は愚人《ぐじん》の心なるかな。沌沌兮《とんとんけい》たり。俗人は昭昭《しょうしょう》たり。我ひとり昏《くら》きが若し。俗人は察察《さっさつ》たり。我ひとり悶悶《もんもん》たり。澹兮《たんけい》としてそれ海の若く、飂兮《りゅうけい》として止《とど》まることなきが若し。衆人みな以《もち》うることあるに、我ひとり頑《がん》にして鄙《ひ》なるに似たり。我ひとり人に異なりて、食母《しょくぼ》を貴《たっと》ぶ。
>
> （『老子』第二〇章）

多くの一般の人々は、うきうきとしてご馳走を食べ、春の台《うてな》に登ってゆくようだが、私は、ひとりしょんぼりとして、心うごかずにいる。まだはじめて笑ったこともない嬰児のようだ。ふらふらとして、落ち着く場所もないようだ。多くの人々には何でも十分にあるのに、私ひとり空虚なままでいる。私の心は愚人の心だ。ぼんやりとしている。一般の人たちはハキハキとしているのに、私だけは暗い感じだ。みんなはキビキビとしているのに、私ひとり悶悶《もんもん》としている。ゆらゆらとして海のごとくたゆたい、ふらふらとしてとどまるところもないようにあてどなくさまよう。人々はみな何かしらの仕事を持って暮らしているのに、私ひとり頑陋《がんろう》なおろかもののようだ。私ひとり、他の人々とは異なって、太母原型たる〈食母〉

――〈道〉――を貴んで生きるのだ。

この老子の独白は、目先の出来事に一喜一憂する、こせこせしたさかしらな〈俗人〉たちと生活の場を共通にしながらも、それでいて、ひとり〈道〉を体現し、〈道〉として生きる老子の、ひそかな、しかし確固とした自負心を物語っています。

大勢の〈俗人〉たちの中で、ひとり〈道〉を心に抱いて真実の〝生〟を生きてゆくことは、真に個性的な生き方であり、いい意味でひときわ輝く人生であると言えるでしょう。それはときには〝変わり者〟と誤解されることもあるかも知れませんが、そのことには何の問題もありません。老子は真実の〝生〟を堂々と生きぬいたのです。

東西の〈聖人〉

古代ギリシアの〝樽の哲人〟として有名なディオゲネス（前四〇四？～三二八？）は、生涯一枚の衣服、一本の杖、一袋の荷物以外は何も持たず、文字どおり樽の中に住んでいました。そのような人物ですから、彼には数々の奇行が伝えられ、全くの〝変人〟あつかいされ、ときには迫害にさえ遭ったと言われています。それでも彼は、その生き方を変えようとせず、昼間からランプを灯してアテネの町中を歩き回り、「アントローポーン＝ゼートー（私は〔まともな〕人間を探している）」

と言ってのけたり、あるいは、当時の神様的存在であるアレキサンダー大王が、彼の住み家（樽）を訪れ、何でも望みを言ってみよと尋ねたとき、「特にないが、日が当たるようにそこをどいてくれ」と言ったところ、大王はびっくりしつつもディオゲネスの真意を理解して、「私はアレキサンダー大王でなければ、ディオゲネスになりたい」と言ったという逸話などは特に有名です。

　さすがに大王になるだけの人物アレキサンダーは、とっさにディオゲネスの本意を的確に見ぬいていたのでしょう。質素な、あるいはむしろ貧困と言った方がよいような生活を楽しみ、それでいて、決して奇を衒《てら》うようなそぶりを見せることなく、真実の自己に真正直に生きたディオゲネスには、確固とした明確な信念があったのです。

　果たして、老子も、

■ 聖人は褐《かつ》を被《き》て玉《たま》を懐《いだ》く。
　聖人は褐（ボロ着）を（身に）被《まと》って、（心に）宝玉を懐く。

（『老子』第七〇章）


と言っています。洋の東西に分かれても、〈聖人〉の心には通じ合うものがあるのでしょう。

　なおここに言う〈食母〉とは、先にもちょっと触れましたが（五四ページ）、渾沌としてすべてを暖かく包み込む太母原型的な意味での〈道〉の象徴的な表現でしょう。意識の深層領域にかかわる人々は、すべてこのような渾沌たる太母原型に遭遇します。そこが、善―悪や、男―女といった日常的世界の相対差別を、暖かく包み込んでそれを超える〝統合〟された、あるいは錬金術に言う〝神秘的融合〟の世界だからです。まさにそのような意味でこそ、〈道〉は〝万物の根源〟であると言えるのです。それは決して原素とか原子といったレベルの問題ではなく、〝意識〟の問題であるのです。

6 〈道〉の実践――〈無為〉

〈無為〉とは何か

〈無為〉というのは、文字どおり〝何もしない〟という意味ですが、もう少しくわしく言うと、〝一見何もしていないように（あるいは、無意味に）見える行為〟という意味だと思っていただいたらよいと思います。さらに言えば、〈無為〉とは、〝一見ムダなことをしているように見えるが、じつは重要な行為なのだ〟という、一種の反語的表現であると言えるでしょう。

先にも見たとおり（『老子』第二〇章、六四ページ）、老子の言葉には、日常的な意識のまま、ただ漫然として毎日の暮らしに流されて生活している〈俗人〉とは違って、ひとり心に〈道〉を抱いて、真実の〈道〉をこの日常的な世界の中で体現しているという、一種の自負心のようなものが垣間見られました。そんな老子の、ある意味では、ちょっと皮肉っぽい、しかしきわめて重要な意識の表現が、この〈無為〉という言葉に見て取れるような気がするのです。

そこでこの〈無為〉とは、具体的にこまかく言うと、いろいろな意味が出てきますが、最も基本的には、〈道〉を体得するための身体的鍛練、つまりいわゆる〝修行〟のことである、と言ってよいと思います。

たとえば、座禅などを考えてみてください。座り方などを少し工夫して上手にやってみれば、おそらく多くの方々にとって、少なくとも何らかのプラスになる身体的鍛練だと思います。いずれにせよ、座禅をしてじっと座っていることは、特に何かをするでもなくただ座っているだけで、一見何もしていないように見えます。そうして座っていれば〝一時間でいくら〟といった時給がもらえる、というわけでもありません。日常的な営為、特に経済的営みの観点からすれば、全くの〝ムダな行為〟に見えるでしょう。

しかし、もうお話しする必要もないでしょうが、そうやって真の〝私〟を見つけることが、私たちにとってどんなに大切なことかをわきまえた目から見れば、それはまた別の意味できわめて重要な行為なのです。

ですから、人間が真実の自己を生きることを旨とするならば、まず第一に重要な〈道〉への行程が、実はこの〈無為〉なのです。自分に合った〈無為〉なる鍛練の方法が見つかれば、それはもう〈道〉への行程も半分以上進んだのと同じくらいに重要なことだと言えるでしょう。そこまで行くのが、なかなか大変なのですが……。

さて、そこでさらに進んで、この〈無為〉にはもうひとつ重要な意味が出てきます。それは、この〈無為〉なる修行を積んで、その結果として体得された〈道〉の〈徳〉――たとえば、空気投げだとか芸術作品を生み出すワザだとか、あるいはなんらかの詩的センスであるとか、ときには〝占い〟の技術などといった、さまざまな分野のさまざまな〝ワザ〟や、〝名人芸〟といったかたちで表される多種多様なパフォーマンスです――これらの〈無為〉なる〈道〉の修行を積んで体得される〝ワザ〟や〝名人芸〟も、〝自然〟な、そして無理のない妙技といった意味で〈無為〉と言われることがあります。

要するに、〈道〉を体得した人の〈徳〉として表される種々の〝ワザ〟や〝名人芸〟も、〈無為〉なのです。それらは決して超能力とか超常現象などではありません。そんなワケの分からないものではありません。ただ〈道〉を体得した人には真実の〝私〟が見えていて、その真の自己の開拓にともなって、さまざまな〝ワザ〟や〝名人芸〟が体得される、というだけの（しかし、きわめて重要で、決定的な）違いなのです。

そこで次にこのような〈無為〉について、老子の言葉を見てゆきましょう。

〈無為にして為さざるなし〉

学を為せば日に益《ま》す。道を為せば日に損《そん》ず。之《これ》を損じてまた損じ、以《もっ》て無為に至る。無為にして而《しか》も為さざるなし。天下を取るは、常に事とするなきを以てす。その事とするあるに及んでは、以て天下を取るに足らず。

（『老子』第四八章）

勉強をすると知識は日々に増してゆく。（それは決して悪いことではないが、人間の本質に迫るほど重要なものでもない。むしろ）自己の真実たる道を追求して鍛練を積んでゆくと、相対的な知識は日々に減ってゆく。それも〈無為〉の一部ではあるが、さらに押し進めてゆくと、ついに〈無為〉の完成の域に至る。そうなれば、もう融通無碍《ゆうづうむげ》、何事も思いのままにできてしまう。そうすれば天下を取るといった大それたこともできてしまう。それは〈無為〉の一種である〈無事〉（事とするなし）を実行することによってできる。ところが、いったん（邪念が入って）ヘタに執着して、向かうべき方向からそれてしまうと、とてもそんな大それたことはできなくなってしまうのである。

真面目に勉強することそれ自体は、決して悪いことではないのですが、そこで得られた知識というのは、あくまで便宜的な——もっとはっきり言ってしまえば、決して人間の本質に迫る〝真実〟

ではない、あくまでも相対的な――小さな範囲でしか通用しないものであり、それが相対的に多いからといって、決して人間として立派だと言えるものではないでしょう。

私たち人間が生きてゆく上で、真に必要なことは、やはり何にもまして、まず、この〝私〟自身の真の姿を知ることではないでしょうか。それこそが、私たち自身の人生に、必要不可欠の〝知〟であるはずです。だからこそ〈道を為す〉と言われるのです。

その〈道を為す〉ことを続けてゆくと、つまり〈無為〉の行為を実践してゆくと、結局、〈無為〉の窮極たるある種のワザの体得をともないつつ、真の自己の開眼に至る、というのです。これこそまさに老子の〈無為〉の真骨頂であると言えるでしょう。老子が何度も〈無為にして為さざるなし〉(『老子』第三七章・三八章、その他)、と、繰り返し言うのも、まさにむべなることであると思われるのです。

〈無為〉の実践

この〈無為〉の実践は、老子において、具体的には、たとえば今見たように、単なる知識の集積を求めないこと(『老子』第三章など)、〈時〉のよろしきを得ること(『老子』第八章)、ゆきすぎやりすぎをしないこと(『老子』第九章など)、目的に固執しないこと(『老子』第二四章など)等々と、さまざまな場面で、さまざまに表現されています。その中でも、〈聖人〉の〈無為〉について、老子は次のように言っています。

江海《こうかい》の能《よ》く百谷《ひゃっこく》に王たる所以《ゆえん》の者は、その善《よ》く之《これ》に下《くだ》るを以《もっ》てなり。故《ゆえ》に能く百谷に王たるなり。是《ここ》を以て、民に上《かみ》たらんと欲《ほっ》すれば、必ず言《げん》を以て之に下る。民に先んぜんと欲すれば、必ず身を以て之に後《おく》る。是を以て聖人は、上《かみ》に処《お》りて而《しか》も民は重しとせず、前に処りて而も民は害とせず。是を以て天下は推《お》すことを楽しんで、而も厭《いと》わず。その争わざるを以ての故に、天下に能く之と争うものなし。

（『老子』第六六章）

揚子江や大海が、百谷に王たりうるその理由は、それらがうまい具合に低い位置にいるからである。だから百谷に王たりうるのである。そのようなわけで、民衆の上に立とうとしたならば、必ず言葉でもってへりくだる。また民衆に先んじようとすれば、必ず身をもって民に先を譲る。だからこそ〈聖人〉は民の上にいて重圧に感じられることがなく、民の前にいてジャマにされることもない。かくして天下は彼をよろこんで推賞していとわない。そのいわば〝不争の徳〟ゆえに、天下に彼と争う者とていないのである。

大いなる揚子江や大海といった大自然の動きやあり方を身につけ、〈言《ことば》〉でもってへりくだり、〈身〉を退いて先を譲り、かえって民の上に立ち、民に先んずる、という、この一連の行為が、すべてこれ〈道〉を体得し、それを実現してゆくという、いわゆる〈無為〉の実践なのです。

ここで、「〈言〉でもってへりくだり、〈身〉を退いて先を譲り」と言われはしますが、それはただひたすら身を引いて隠れることを旨とするのでなく、むしろ「かえって民の上に立ち、民に先んずる」という目的を遂行するための、一連の工程にすぎないことに注意すべきでしょう。老子は単なる隠逸の思想家ではなく、

将《まさ》に之《これ》を歙《ちぢ》めんと欲《ほっ》すれば、必ず固《しばら》く之を張る。将に之を弱めんと欲すれば、必ず固く之を強くす。将に之を廃せんと欲すれば、必ず固く之を興《おこ》す。将に之を奪わんと欲すれば、必ず固く之に与う。是《こ》れを微明《びめい》と謂う。

（『老子』第三六章）

縮めようと思ったら、必ずまず伸びきらせる。弱めようと思ったら、必ずまず強がらせる。廃絶しようと思ったら、必ずまず引き興す。奪取しようと思ったら、必ずまず与えておく。これを〈微明《びめい》〉――微妙な明知――と言うのである。

という言葉に見られるように、むしろ、目的遂行のためには外見をいとわない、したたかなまでに〝見える〟人物だったのです。ただ、言うまでもなく、それは決していわゆる目先の目的のためには手段を選ばない、というあさはかな略奪主義ではありません。なぜなら、これらはすべて、老子

自身が、

天の道は、それ猶《なお》弓を張るがごときか。高き者は之《これ》を抑え、下《ひく》き者は之を挙げ、余りある者は之を損《そん》じ、足らざる者は之を補う。

(『老子』第七七章)

天の道——天地自然のあり方——は、弓を張るようなものである。高いところを抑えて、低いものを上げてやる。また余るところは減らして、足りないところを補ってやるのだ。

と述べている通り、大いなる天地自然の〈高〉〈下〉・〈余〉〈不足〉といった相対を、絶妙のバランスで調和する〈天の道〉に従った、まさに〈為さずして成る〉(『老子』第四七章)ところの〈無為〉のあり方を、みずから踏襲するものであったと考えられるからです。みずから〈無為〉の修行を積んで〈道〉を体得し、それをもって日常の世界の出来事に対処する、あるいはさらに、この日常の世界において〈道〉としての自分自身を体現する。まさに老子の〈道〉の真骨頂であると言えるでしょう。

〈不争の徳〉

〈聖人〉の〈無為〉について述べた『老子』第六六章では、〈聖人〉は〈その争わざるを以《もっ》ての故《ゆえ》に、天下に能《よ》く之《これ》と争うものなし〉という、いわゆる〈不争の徳〉が説かれていますが、この老子の言葉にちなんで、よく思い出すカンフー映画の一場面があります。

大勢の武術家たちが、試合場に行くために、一隻の船に乗っています。その中に主人公の武術家もいるのですが、ひとりの荒くれ者が、試合が始まるのが待ちきれないのでしょうか、この主人公にイチャモンをつけてケンカを売るのです。

主人公は静かにこの荒くれ者に対応して、「いいだろう。（ケンカを）受けて立とう」と言います。「ただし、」と続けて、「ここでは狭くないか。だから、あの島の浜辺で」と言って、ちょっと離れた小島を指さし、今度はその船につないである小さな救命ボートを指さして、「あれに乗って行こう」と言うのです。

じつはこの前に、この荒くれ者は、「お前は何の使い手か（たとえば、空手であるとか柔道であるといった格闘技の種類）」と尋ねているのです。

その問いに対する主人公の答えこそ（この映画は香港で作られたアメリカ映画で、セリフはすべて英語でした）、

‖ Fighting without fighting.

戦わずして勝つ（格闘技）さ。

というものでした。〝戦わずして勝つ〟とは、まさに老子の言う〈不争の徳〉と、その内容を同一にするものですが、いったいどんな意味でしょう。ほどなく私たち観客は、それを知るのです。

荒くれ者はサッサと小船に乗り込み、主人公が降りて来るのを待ちます。すると、主人公はニヤッと笑って、その小船をつなぎとめているロープをはずしてしまうのです。グングン進みゆく主人公たちの乗った船から離されて、ひとり小船で荒くれ者は何ごとかわめいています。しかしそれもすぐ遠くに離れて小さくなって、しまいには見えなくなってゆくのです。

実際のところ、このような話は、日本の剣豪塚原卜伝《つかはらぼくでん》についても、全く同じモチーフで語り継がれている、いわゆる〝無手勝流〟の兵法のバリエーションで、探せばいろいろな人物にまつわる同様の話が見つかるでしょう。大事なことは、これこそ老子の〈不争の徳〉の現実的な実践の典型的な一例であるということです。

話の結末を聞いて（あるいは見て）しまえば、「なんだ、そんなことか」と思われるかも知れませんが、これを実践（戦）において、しかも、誰からも教えてもらうことなく、初めてやってのけるのには、大変な判断力と勇気が必要でしょう。おそらく実際に戦っても、この荒くれ者は主人公にかなわないでしょう。初めから勝負はついているのです。無駄な戦いを回避して、しかも相手をコントロールする、まさに〈無為〉がもたらす〈不争の徳〉の典型であると言えるでしょう。

もうひとつ、これは武術の先生ではなく、整体の達人にまつわる話をご紹介しましょう。この達人は、まさに〝見える〟人で、患者さんが歩いて来る、その姿を見ただけでどこが悪いのか、どのように治療するのか、患者さんの話を聞く前に分かってしまうというのです。

その〝達人〟が、戦後の混乱した時期に、奥さんと二人で夜道を歩いていました。すると強盗がひとり、短刀を握りしめて達人に迫ります。「命が惜しければ金を出せ」というわけです。達人は少しもあわてず、静かに落ち着いて、両手を挙げた状態(いわゆる〝ホールド=アップ〟の状態)で、強盗に向かって、「よし、フトコロに財布がある。持って行け」と言い放ちます。

強盗は、そこで、達人のフトコロに手をさし入れ、財布を取り出すと、一目散に走り去ってゆきました。ところが、あとで分かったことですが、その財布はカラだったのです。

先の武術家の例も、この整体の達人の例も、まことに見事な、そして典型的な〈不争の徳〉の実例であると言えるでしょう。こうして改めて話を聞けば、どこが〈不争〉の〈無為〉なのか、だれでも「ああ、なるほど」と分かっていただけると思うのですが、先ほどもひとこと触れたように、これを実際の場面で、しかも咄嗟にやってのけることは、本当に大変なことです。

特にいちばん重要なことは、このような〝手〟が、その当事者——つまり、ここで言えば、その荒くれ者や強盗ですが、——に通用するかどうかということ、言い換えれば、その相手に対して、いったいどのような対応をすることが、無益な争いをしないで、しかも自分の安全を保障し、かつ相手をやり込めるのに最も適切か、ということを、本当にひと目、その相手を見ただけで見ぬく、文字通りの〝鋭い眼力〟が必要だということです。
ある武道家が言っていました。「相手と相対したその時に、どうやってその相手を倒すかが決まる。言い換えれば、最初からすでに勝負は決まっている。後は、全く自然に身体が動く」と。どのようにしてそれが実現されるのか。〈無為〉を実践して〈道〉を体得し、さらに〈無為〉なる行為を体現すること、これよりほか、ありません。

〈天の道〉と〈聖人の道〉

ところでこの〈不争の徳〉ですが、これについて老子はまた、別のところで、

＝天の道は、争わずして而《しか》も善《よ》く勝ち、言わずして而も善く応ず。（『老子』第七三章）

天の道――天地自然のあり方――は、戦うことなくして、しかも立派に勝利をおさめ、言葉を発することなくして、しかも的確にコミュニケーションできる。

と、〈天の道〉を主語として記述しています。つまり、老子の考え方として、この〈不争の徳〉という〈無為〉のあり方は、〈道〉を体得して実在する〈聖人〉のあり方でもあり、同時にまた、大いなる天地自然の〈道〉、つまり〈天の道〉のあり方でもあった、ということです。さらに言い換

えれば、〈道〉を体得した〈聖人〉は、〈天の道〉と全く同じあり方——つまりいわゆる〈無為自然〉のあり方——ができている、ということなのです。

〈天下を取る〉といった大それたことを、しかしどこにもムダな力を入れることなく、全くの自然体で成し遂げてしまう。まさに〈無為自然〉の真骨頂と言えるでしょう。そのように考えてみれば、先の荒くれ者や強盗の対処など、まさに取るに足りないものです。〈無為〉なる〈道〉には、もっと大きな人生の目標があってしかるべきなのです。

そこで要するに、私たち人間は、〈道〉を体得して〈無為〉なるあり方を極めたとき、大いなる天地自然と同じあり方ができて、そして同時に、ある意味での大いなるパワーを身につけることができる、ということなのです。

そうすると、老子の

━ 天の道は利《り》して而《しか》も害せず。聖人の道は為《な》して而も争わず。（『老子』第八一章）

天の道——天地自然のあり方——は、利益を与えて危害を加えない。聖人の道は、何事を行なうにつけて争わない。

という言葉は、このような老子の考え方を、きわめて明確に言い表したものであると言えるでしょう。

老子のこの言葉の中で、〈利《り》して而《しか》も害せず〉そして〈為《な》して而も争わず〉というのは、〈無為〉の具体的な内容と、その現れ方を言ったものであると考えられます。つまり、どちらもひとことで言えば〈無為〉を行なう、ということになるでしょう。

そこで、この〈無為〉の主語、つまりそれを行なうのは誰か、と言えば、それはすなち、〈天の道〉と〈聖人の道〉ということになっているのです。どうでしょうか、先に見た〈聖人〉と〈天の道〉が、いわばその〈無為〉を共通項として、全く同一の性格をそなえた存在としてとらえられているのです。先に見た老子の考え方そのものであると言えるでしょう。

〈無為〉なる水

そうであればこそ、

天下の至柔《しじゅう》は、天下の至堅《しけん》を馳騁《ちてい》す。有《ゆう》なくして間《かん》なきに入る。吾是《われここ》を以《もっ》て無為の益《えき》あることを知る。不言《ふげん》の教え、無為の益には、天下之《これ》に及ぶこと希《まれ》なり。（『老子』第四三章）

この世で最も柔弱なものは、この世で最も堅いものをも突きやぶって進む。一定の形体がないから、隙間もないようなところでも入ってゆける。そこで私はこのような無為のあり方に重大な意義があることが分かる。とはいえ、このような不言の教えや無為の意義を自分のものにできる人は、めったにいないものである。

と、じつに大いなるパワーを秘めた〈無為〉が説かれるのです。ここで〈天下の至柔《しじゅう》〉というのは、おそらく水のことを指すものでしょう。老子自身が、

天下に水より柔弱なるはなし。而《しか》も堅強なる者を攻むるに、之《これ》に能《よ》く勝つものなし。

（『老子』第七八章）

天下に水より柔らかく弱々しいものはない。しかし、いったんそれが堅強なものを攻撃するとなると、だれもそれにはかなわない。

と言っているからです。

一定の形体を持たない水は、しかし、そうであればこそ、あらゆる場所にゆきわたり、ときにはポタンポタンと雫《しずく》となって岩盤に穴をあけ、あるいはまた、巨大なかたまりとなって、あらゆる物体を蹴散らして進むのです。

それと同時に、この水こそは、私たち人間のみならず、この世界のあらゆる生命の根源でもある

のです。こうして見ると、一見、柔弱で優しい存在である水が、じつは、それこそ偉大な存在だということが分かるでしょう。

老子はそのような水のあり方に、彼の考えている〈無為自然〉のあり方や、その存在意義、そしてまたそこに秘められた偉大なパワーなどを重ね合わせて見ているのです。

天地との一体感

天地自然は、まさに無尽蔵の生命力を秘めた大いなる存在です。私たち人間は、〈無為〉の修行を遂行して、この偉大なる天地自然の〈無為〉なるあり方と一体になります。そしてその真の〝私〟を体現したひとりの〈道〉が、同時に、大いなる天地自然の〈道〉と一体となって実在します。そうしてこそ、先に見たような、たとえば〈天下を取る〉（『老子』第四八章、七一ページ）といった大それたことも、難なく、むしろ全く〝自然〟に成し遂げることができる、ということなのです。

ちなみに、このようないわゆる〝天地との一体感〟は、あらゆる形態の修行を行なう実践家たち――宗教家・武道家・芸術家等々――の言葉を繙《ひもと》くとき、必ずと言っていいほど頻繁に目にするものです。それらの人々は、それぞれの立場で、それぞれの〈無為〉なる修行を積んで、それぞれの〈道〉を体得し、偉大なワザやパフォーマンスとしての〈無為〉を行なって、その〈道〉を体現するに至るのです。そうした〝境地〟は、まさに偉大な天地自然と一体のものなのです。私たちもそれぞれ得意の分野で、そのような〈道〉を体得するよう、心掛けてゆけばよいのではないでしょうか。

かくして、一方で

━道は常《つね》に無為にして、而《しか》も為《な》さざるなし。（『老子』第三七章）

道は常に〈無為〉でいながら、〈為〉さぬこととてない。

と言いつつ、また同時に

━上徳《じょうとく》は無為にして、而《しか》も為《な》さざるなし。（『老子』第三八章）

最上の徳は常に〈無為〉でいながら、〈為〉さぬこととてない。

と言われるとおり、私たち人間は、〈無為〉なる修行を通じて我が身の真実たる〈道〉に開眼し、さらに〈無為〉のワザやパフォーマンスを行なって、その〈道〉を〈徳〉として体現するのです。

〈無為〉の目指すもの

このように〈道〉という真実在が、天地自然と一体となって〈無為〉を行なう、というところに、単なる処世術ではない、老子の深い思索を窺うことができます。それと同時に、人の上に立ち、人に先んじて、いろいろな意味での戦いを制してゆこうとするところに、あくまでもその〈道〉を、この現実生活の中で体現し、きびしい生存競争を勝ちぬいてゆこうとする老子の、きわめて前向きな意志が見て取れると思うのです。まさに、

天は長く地は久《ひさ》し。天地の能《よ》く長くかつ久しき所以《ゆえん》の者は、その自《みずか》ら生《しょう》ぜざるを以《もっ》てなり。故《ゆえ》に能く長生《ちょうせい》す。是《ここ》を以て聖人は、その身を後《のち》にして、而《しか》も身は先んじ、その身を外《そと》にして、而も身は存す。その私《わたくし》なきを以てに非《あら》ずや。故に能くその私を成す。（『老子』第七章）

天地自然は長久な存在である。天地が長久でありうるその理由は、それらがみずからの〝生〟に固執しないからである。それでかくも長久なのである。そこで〈聖人〉は、みずから身を遅らせて、かえって人に先んずる。みずから身を退いて、かえってその身を存する。その〝私〟に固執することがないから、かえってその〝私〟を成すのである。

と言われるとおり、みずから〈無為〉を行なって、真実の〈道〉に開眼し、さらに偉大なる〈天

〈その私地〉と一体となって、その大いなる〝力〟を自由自在に行使して、その本懐を遂げる――〈その私を成す〉――ことこそが、老子の〈道〉の思想の最重要の眼目であった、と思うのです。

7 老子と〈道〉の思想

相対観の超克

これまでお話ししてきましたように、老子はひとりの〝哲人〟であったと思うのです。彼は私たち人間の日常的な経験の中での、ものごとを知るはたらき、つまり私たちの認識能力に冷静な反省を加え、その根底に横たわる相対観を明らかにします。私たち人間が通常行なっている認識というはたらきは、常に前後・上下・善悪などの相対的なワク組みによって規定される、全く相対的なものであり、それを絶対的なものと思い込むところに、そもそも大きなまちがいのもとがあるのです。それと同時に、私たちの認識そのものが、そのように相対的なものであり、それ以上のいささかなりとも真実に近いあり方はありえないのだから、私たちは全く自分勝手に、自分の目先の嗜好に沿って行動すればよい、と考えるのも、やはりいささか早計ではないでしょうか。しかしそうしますと、私たちは、もうこれ以上どうしようもないのでしょうか。
では、このような相対観を前にして、老子はどうしたのでしょうか。彼はまず、とりあえずは、この日常的な〝相対の世界〟を後にして、みずからの意識の深層領域に深く分け入り、そこにおいて真の〝私〟をじかに体認し、それを〈道〉と呼んだのです。

〈道〉の思想の全体像

したがって、この〈道〉は、私たち人間にとって最も切実に実在する、いわば〝最も基本的な真理〟なのです。しかも、それはただ単に頭の中だけで構成された〝理屈〟ではなくて、私たち自身が、みずから呼吸法を基礎とする身体的鍛練を積んで、今ここに実在する自分自身において実現すべき〝真実在〟であったのです。

さらに、そのようにして体現された〈道〉は、結果的に私たち人間がなしうる最高のワザやパフォーマンスとして、現実に私たちの眼前に現れてくるのですが、このきわめて現実的な〈道〉の〝顕現《あらわれ》〟を、老子は〈徳〉と呼んで私たちに提示するのです。

かくして私たちは、鍛練を積んで自分自身を深めて、みずからの真の姿に開眼して〈道〉を体得し、さらに修行を積んで、その〈道〉を現実の世界の中で実現して〈徳〉をなしてゆくのです。要するに、私たちは本質的に〈道〉として存在し、現実的には〈徳〉として生きてゆくのです。

ところで、老子はまた、この〈道〉を体現するための修行を〈無為〉と呼んで、その特質を表現しようとしました。それはハタから見ると、何もしていないような、あるいは何の意味もないムダなことをしているように映るからそう呼ばれるのですが、言うまでもなく、それは私たち人間の本質にかかわる、じつに重大な行為なのです。この〈無為〉を通じて自分の真の姿としての〈道〉を体得することなしに、本当の意味で充実した〝生〟を送ることなど、とてもできはしないのです。

したがってこの〈無為〉は、老子独特の、ちょっと反語的な表現なのでした。さらにこの〈無為〉は、〈無為〉なる修行を積んで体得された〈道〉と、その〈徳〉の一般的な表現として、天地自然のごとき壮大なパワーを秘めた行為の呼び名ともなったのです。

老子のいわゆる〈天の道〉、つまり天地自然の〈道〉は、言うまでもなく、絶大なパワーを内に秘めたまことに偉大な存在ですが、老子は、個々の〈道〉が、さらに〈無為〉を修めて、この〈天の道〉と一体になって、その偉大なる〝力〟をいかんなく発揮して、そのおのおのの〈道〉を完遂させてゆくことを説いて、その行為の過程全体を、また〈無為〉と呼んでいたのです。

このようにして〈天の道〉と一体となって、みずから〈無為〉を実践して、さまざまな分野で、その名人芸やパフォーマンスを繰り広げる名人・達人たちを、老子は〈聖人〉と呼びました。つまり、この〈聖人〉たちは、〈天の道〉そのものであり、そのために、何事であれ成し遂げることのできる、偉大な〝力〟を内に秘めた存在なのでした。

とはいえ、この〈聖人〉の〈無為〉は、決して、目先の小さな目標を達成するためだけに行使されるような、こせこせした方便ではありません。そうではなくて、老子の〈無為〉は、最終的に〈その私を成す〉ということ、つまり、おのおのの〈私〉を成就するという、私たちにとって最も切実で真摯な目標を目指すものなのです。

〈道〉の妙所

〈道〉といい〈無為〉といい、さらにさまざまな言葉が繰り広げられていますが、老子の深淵にして、それでいて身体的鍛練をもともなった、いわば〝全人的〟な思索が最終的に目指している、究極的な到達点が、ほかならぬこの〈私を成す〉ということなのでした。〈徳〉を積み、〈知〉を重ね、〈無為〉を実践して〈道〉に開眼し、かつ〈天の道〉となって、偉大なる〈天〉のパワーを行使して、個々の〈私〉の本旨を成就するというのです。

ここにこそ、老子の〈道〉の思想の最も重大にして切実なる妙所があり、また老子の〈道〉を〝私〟――つまり〈道《わたし》〉――として理解することの真の意義があると思うのです。そうであればこそ、老子の数々の言葉が、単なる処世術を説いた浅薄《せんぱく》な知識でもなく、また単に晦渋《かいじゅう》なだけの哲学的な理屈でもなく、私たち人間にとって真に必要不可欠の真実を綴った言葉として、優に二千余年にもわたって脈々と語り継がれてきたのです。

老子は、単なる頭でっかちの思想家ではありません。彼の思索のウラには、みずから〈無為〉を積んで〈道〉を体現するという、現実的な実践があったからです。

かといって、老子はまた、単なるガリガリの実践家でもありません。その実践は、つねに彼の冷静で深遠な〈道〉の思想にささえられており、なおかつ、その実践の過程が、いささか難しい表現も含んではいますが、よくよく読んでみれば、〈道〉〈徳〉〈無為〉などの語を軸にして、きわめて明確に記述されているからです。

老子の思想とは何か、と言えば、身体的鍛練によって裏付けられた〈道〉の思想の体系であった、と言えるだろうと思います。この身心両面にわたる過不足なき十全な思想の体現者という、まさにこの意味でこそ、老子は一箇の〝哲人〟であった、と思うのです。

II　荘子の思想

1　荘子と『荘子』

荘子の生涯

さて、続いて荘子の〈道〉についてお話を進めてゆきましょう。彼の〝山中の隠者〟としての人物像について、くわしくは、のちに改めてお話ししたいと思いますが、まず初めに、ごく簡単に彼の伝記とその著作、つまり『荘子』という書物について触れておきましょう。

荘子（前三〇〇?～前二六〇?）、名は周《しゅう》、字《あざな》は子休《しきゅう》。宋《そう》の国の蒙《もう》の人で、一時その地方の漆《うるし》畑の管理をする役人をしていましたが、のちに世を避けて隠遁し、いわゆる〈万物斉同《ばんぶつせいどう》〉の〈道〉の世界の開拓に没頭した人物で、これもまたのちに述べますが、決して政治の表舞台に出て国政を担当しようといったたぐいの野心を持った人物ではありませんでした。

以上、主に司馬遷《しばせん》の『史記』の記述に基づいて大まかにまとめてみましたが、その人物の本当の人となりは、その人の思想の本質を理解すればおのずから明らかになる、というのが私の考えですから、まずは彼の思想について見てゆきましょう。

『荘子』という書物

ただその前に、荘子の著作について、ひとこと触れておいた方がよいでしょう。彼の著作『荘子』は三十万言にも及ぶ大著で、内容的にも少し複雑な点があるからです。

現存する『荘子』という書物は、「逍遥遊篇《しょうようゆう》」や「斉物論篇《せいぶつろん》」などをはじめとする全三十三篇からなりますが、その大半が、のちに彼の教えを汲む者たちの手によって付け加えられたもので、荘子自身が著した部分、あるいは少なくともその正真正銘の思想を記述する部分というのは、実際のところ、あまり多くはありません。

そこで、これまでこの『荘子』については、数々の文献学的考察――つまり、書物の中の字句の異同や、各種版本（テキスト）の比較検討――が行なわれ、そのような考察を通じて、『荘子』中の、荘子自身が書いた部分とそうでない部分（のちにその教えを汲む者たちによって付け加えられた部分）との区別をつけようという研究が進められてきました。

それは長年にわたる、多くの先学たちの研究成果であり、私もそこから多くのものを学びました。ただそれと同時に、私はもう少し別のやり方もあっていいと思います。つまり、それは私の考え方なのですが、そこに記述されている思想の内容で、荘子本人の手になる部分かそうでない部分かを判断したらどうかと思うのです。

虚心に読んでみれば分かることですが、『荘子』中で荘子本人の思想が綴られている部分は、や

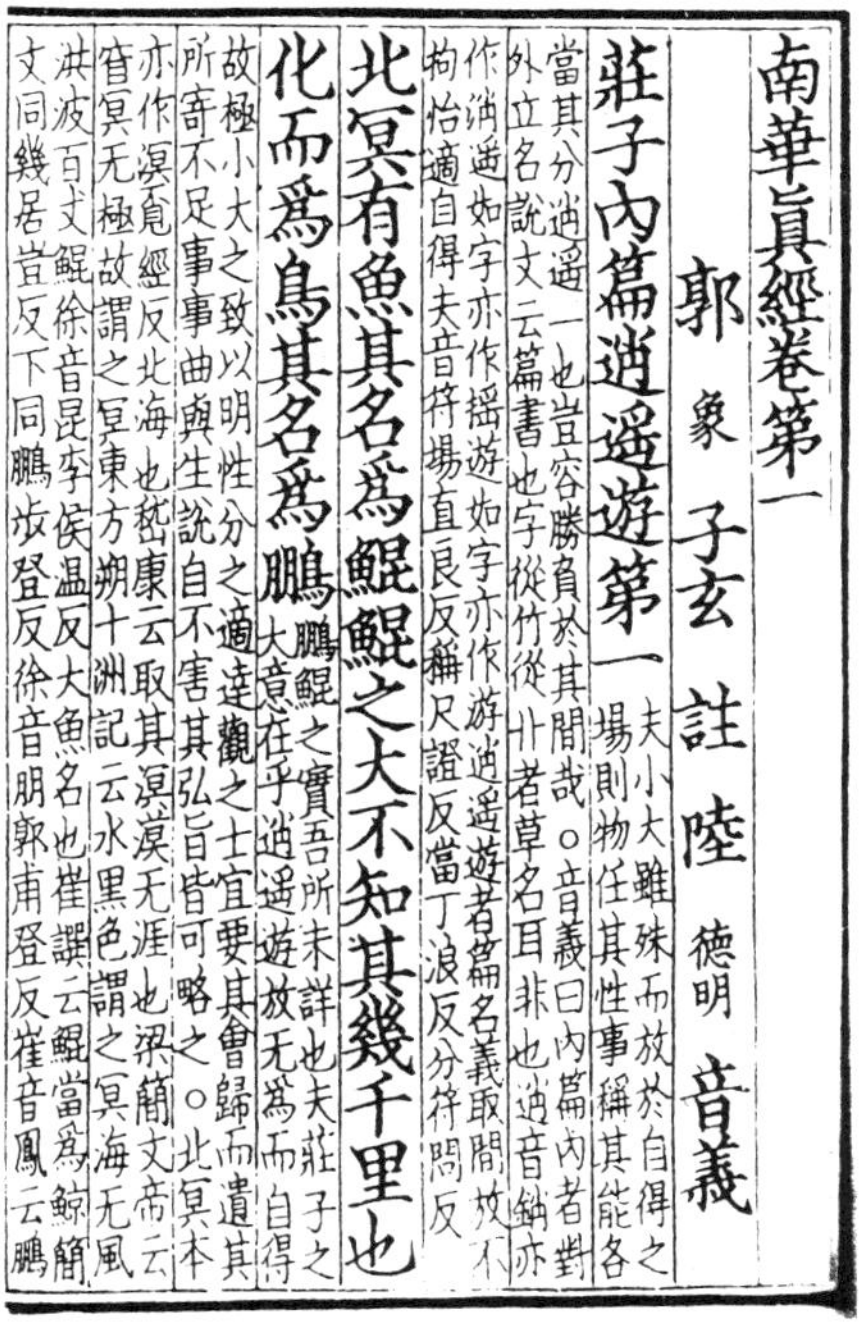
南華眞經卷第一
郭象 子玄 註 陸 德明 音義
莊子內篇逍遙遊第一 夫小大雖殊而放於自得之場則物任其性事稱其能各當其分逍遙一也豈容勝負於其間哉○音義曰內篇內者對外立名說文云篇書也字從竹從艸者草名耳非也逍音銷亦作消遙如字亦作搖遊如字亦作游逍遙遊者篇名義取閒放不拘怡適自得夫音符揚直良反稱尺證反當丁浪反分符問反
北冥有魚其名爲鯤鯤之大不知其幾千里也
化而爲鳥其名爲鵬 鵬鯤之實吾所未詳也夫莊子之大意在乎逍遙遊放无爲而自得故極小大之致以明性分之適達觀之士宜要其會歸而遺其所寄不足事事曲與生說自不害其弘旨皆可略之○北冥本亦作溟覓經反北海也嵇康云取其溟漠无涯也梁簡文帝云窅冥无極故謂之冥東方朔十洲記云水黑色謂之冥海无風洪波百丈鯤徐音昆李侯溫反大魚名也崔譔云鯤當爲鯨簡文同幾居豈反下同鵬步登反徐音朋郭甫登反崔音鳳云鵬

宋刊本『荘子』

はりその内容が深遠で、先に見た老子と並び称されるにふさわしいものです。それに対して、のちにその教えを汲む者たちによって書かれ、付け加えられた部分は、しょせんモノマネに過ぎず、仮にその文章自体はなかなか文学的な名文であっても、内容から見れば全く浅薄で、真実の〈道〉を体得して生きた人の文章とは思えないのです。

したがって、まずはしっかりとその最も本質的な思想を押さえて、その上で全体を読んでみると、これはまた驚くほど単純にその書き手の判別もできてくるのです。今まで、それが大変に文学的な名文で、内容的にも、一見すると荘子自身が書いたもののように見なされてきた一文でも、荘子本人の思想をふまえて読んでみれば、ほどなく馬脚を表して、それが彼自身の本当に深遠な真実の〈道〉を記述するものではなく、単なる外見上のモノマネにすぎない文章であることが明らかとなるのです。なぜ今までそのようなやり方で、この書物の書き手の判別が行なわれなかったのか、よく分かりませんが、いずれにせよ、このような〝読み方〟があってもよいと思うのです。

さて、このようにして読んでみますと、やはり荘子の思想の中核は『荘子』の「逍遥遊篇」と「斉物論篇」を中心にして綴られる〈万物斉同〉の説と、その〈万物斉同〉の〈道〉の世界における〈逍遥遊〉であることが分かります。そこでいよいよこれから、その〈万物斉同〉の〈道〉についての『荘子』の考え方を繙《ひもと》いてゆくこととしましょう。

2 〈万物斉同〉の世界へ

〈万物斉同〉の説

さて、先にも少し触れましたが、荘子の思想の中核をなすのは、やはりその〈万物斉同〉の説です。また、これもすでに触れましたが、荘子の思想は、『荘子』の特に「斉物論篇」を中心にして展開されています。しかし、よく読んでみますと、この〈万物斉同〉の説を理論的にはっきりと説明している部分は、そのどこにも見当たらないのです。

つまり、荘子はこの〈万物斉同〉の説を主張し、実際に展開しているのですが、彼みずからは決してこの考えを理屈でもって理論的に説明してはいないということなのです。

それゆえに、極端に割り切った言い方をすれば、荘子のこの〈万物斉同〉の説は、理論的には全く荒唐無稽で空虚な主張であるということになってしまうのです。論理学派として知られる名家の

学者で、荘子の友人の恵施《けいし》が荘子に向かって、

子の言《げん》や用なし。
あなたの言《ことば》には実用性がない。

（『荘子』「外物篇《がいぶつ》」）

と言って詰めよったと言われるのも、誠にもっともなことです。

とはいっても、荘子がこの〈万物斉同〉の説を言葉でもって理論的に説明しようとしないのは、それが、あの老子の〈道〉のように、言葉によって言い表すことができない、私たち各人が自分自身で身体的鍛練を積んで、それを体現してみてはじめて本当に理解できるという種類の〝境地〟だったからなのです。しかし、私たち自身がみずからこれを体現する、という意味では、むしろこれほど現実的なものはありません。

つまり、事情は老子の〈道〉と、ほとんど全く同じなのです。これから、もう少しくわしくお話しするように、荘子の思索において、この日常的な〝相対〟の世界は、単なる理屈ではなくて、むしろある種の身体的鍛練を通じて、みずからの心の奥底において、言ってみれば〝実践的〟に超克されてしかるべきものであったのです。そうしてはじめて〈万物斉同〉の〈道〉の世界が体現されるに至るのです。

その〈道〉は、すでに見た老子の〈道〉と全く同様に、私たちひとりひとりが、それぞれ自分自身の〝知〟に深く反省を巡らせ、その上で何らかの身体的鍛練を確実にこなして、この〝私〟自身において体現されるべき、現実の〝生〟そのものなのです。したがって、ものごとを相対的にしか表現できない〝言語〟による理屈でもって、この境地を理論的に説明することなど、全くできないことだったのです。

そのようなわけで、荘子は、その文学的才能に任せて、多種多様な説話や寓話を創作して、彼のこの境地を説明しようとはしていますが、結局は、先にも少し触れたように（七ページ）、「私の言うことはデタラメだから、そのつもりで聴いてくれ（真に受けないで聴いてくれ）」と言うのでした。

ところで、先ほどから、何の説明もなく〈万物斉同〉と言っていますが、これから、その思想の真髄をお話ししてゆきます。ですから、これからの話を聞いていただいて、その最も大切なところを分かっていただければ、それでよいと思います。ただここでひとことだけお話ししておきますと、〈万物斉同〉とは、いわゆる〝相対〟の不真実を超えて、真実の〈道〉の世界に入って、その目でもういちどこの〝相対〟の世界を見直したならば、万物はおしなべて斉同に（ひとしく）見えるようになる、という、一種の〝達観〟のことなのです。

さあ、それでは荘子はどのような〝デタラメ〟――つまり、彼の言う〈妄言《もうげん》〉――を述べているのでしょうか。ひとつこれから楽しませてもらうこととしましょう。

自我の意識

荘子は私たち人間の相対観を鋭く指摘し、そして、これに厳格な反省を加えています。ここに引用するのは、まずその鋭い指摘のひとつです。

■彼《かれ》に非《あら》ざれば我《われ》なく、我に非ざれば取る所なし。
（『荘子』「斉物論篇」）

彼《あれ》という存在（相手）がないと、我《わたし》という自我意識は生じない。我がなければ、何物をも知りえない。

まっくらな宇宙空間に、生まれた時からずっとフワフワと浮かんでいる人がいるとします（とりあえず、ちょっとムリにでも想像してみてください）。飲み物も食べ物も自動的に供給され、もちろん酸素もありますし、何らの痛みも刺激もないものとします。すると、どうでしょうか。ごく普通に考えてみて、そういう人に〝自我意識〟、つまり〝私〟という意識が芽生えるでしょうか。

私も実際にそのような実験をしてみたわけではありませんが、あくまで〝仮に〟のお話として、どうでしょう。おそらくそういう状況に置かれた人物には、明確な〝私〟の意識は生じないでしょう。つまり、〈我《わたし》〉という意識は、あくまでも〈彼《あれ》〉という相対的な相手がないことには、生じようがないのです。

つまり、日頃私たちが、全世界の中軸として、しかもあたりまえのこととして持っている自我意識も、よく考えてみれば相対的なワク組みの中で生じてくる、全くもって相対的な、つまりなんともあやふやな存在にすぎないのです。

ところが、こんなあやふやな〈我〉の意識も、私たち自身にとっては、やはり全世界の中心・中軸なのです。この自我意識を措《お》いて、これに代わる認識の主体――つまり、この全世界を認知する〈我〉という主体――は、これまたありえないからです。

荘子の右の言葉は、私たちのこのような切ない〝理性の運命〟を物語る、短いけれども、よく玩味してみれば、まことに人間存在の真実の一面を厳格に批判する一句であったと言えるでしょう。

〈知〉の限界

荘子のこのような、私たち自身の〝知〟的はたらきに対する真摯で厳格なる反省は、さらに具体的な内容をともなって、次のように語られています。

民《たみ》は湿《しつ》に寝《い》ぬれば則《すなわ》ち腰疾《ようしつ》して偏死《へんし》するも、鰌《しゅう》は然《しか》らんや。木に処《お》れば則ち惴慄《ずいりつ》恂懼《じゅんく》するも、猨猴《えんこう》は然らんや。三者は孰《いず》れか正処《せいしょ》を知らん。民は芻豢《すうけん》を食らい、麋鹿《びろく》は薦《せん》を食らい、蝍且《しょくしょ》は帯《へび》を甘《うま》しとし、鴟鴉《しあ》は鼠を耆《この》む。四者は孰れか正味《せいみ》を知らん。猨は猵狙《へんそ》以て雌《し》と為《な》し、麋は鹿と交わり、鰌は魚《うお》と游《あそ》ぶ。毛嬙麗姫《もうしょうりき》は人の美とする所なるも、魚は之《これ》を見れば深く入り、鳥は之を見れば高く飛び、麋鹿は之を見れば決して驟《はし》る。四者は孰れか天下の正色《せいしょく》を知らん。

（『荘子』「斉物論篇」）

人は湿気の多いところにいると腰を痛くし（ひどい場合には）半身不随になって死んでしまうが、鰌《どじょう》は平気だ。人は木に登ったりして高い所に上がると、ブルブル震えてこわがるが、猨猴《さる》はそんなことはない。この三者（人・鰌・猨猴）に共通の正しい居場所というものはあるのだろうか。ありはしない。また、人は家畜の肉を食べ、麋《となかい》や鹿は草を食い、蝍且《むかで》は帯《みみず》をうまいと思い、鴟《とび》や鴉《からす》は鼠を好む。この四者（人・麋鹿・蝍且・鴟鴉）に共通の正しい食べ物というようなものがあるのだろうか。だれも知らない。猨《さる》は猵狙《いぬざる》がその雌として求め、麋は鹿と交わり、鰌は魚と遊ぶ。毛嬙や麗姫は、美人として有名だが、彼女らが池に近づくと、魚は水中深くもぐり込み、鳥は彼女たちの姿を見ると高く飛び去り、麋や鹿はサーッと走り去ってしまう。この四者（人・猨・麋・鰌）に共通の正しい美しさというものはあるのだろうか。ありはしない。

このように、私たち人間にとってよい住み家であるからといって、それが〈鰌《どじょう》〉や〈猨猴《さる》〉にも通用するかといえば、全く通用しません。それは食べ物や好ましい交際相手などについても、全く事情は変わりません。すべては人間が勝手に、相対的なワク組みの中で〝よい〟とか〝好ましい〟などと決めているだけで、それ以外のこの世界の存在者たちには全く通用しないのです。私たちの〈知〉は、かくもはかなく頼りないものなのです。この現実について、荘子は右のようにさまざまな例を挙げて記述するのです。

そこで荘子もまた、先に見た老子と同様に、理性的な思索に裏付けられた身体的鍛練によって、このような〈知〉の問題を解決してゆこうとするのですが、荘子の場合、先に見た老子とはうって変わって、一種の物語を創作して、それによって、彼の相対観の超克と、それによって体現される〈万物斉同〉の〈道〉の世界の実際について、明らかに記述してゆこうとするのです。彼の寓話に目を向けてみることにしましょう。

忘我の境地

次に引用するのは、〈万物斉同〉の世界の体現についての、最も典型的な荘子の寓話のひとつです。

南郭子綦《なんかくしき》、几《き》に隠《よ》りて坐《ざ》し、天を仰いで嘘《いき》す。嗒焉《とうえん》としてそれ耦《ぐう》を喪《わす》るるに似たり。顔成子《がんせいし》游《ゆう》、前に立侍《りつじ》して、曰《いわ》く、何居《なん》ぞや、形《かたち》は固《もとよ》り槁木《こうぼく》の如《ごと》くならしむべく、心は固り死灰《しかい》の如くならしむべきか。今の几に隠る者は、昔の几に隠る者に非《あらざ》るなり、と。子綦曰く、偃《えん》よ、また善《よ》からずや、而《なんじ》の之《これ》を問うこと。今、吾《われ》は我《われ》を喪《わす》る。汝之《なんじこれ》を知るか。汝は人籟《じんらい》を聞くも、未《いま》だ地籟《ちらい》を聞かず。汝は地籟を聞くも、未だ天籟《てんらい》を聞かざるなり、と。（『荘子』「斉物論篇」）

南郭子綦という修行者が、几《つくえ》にもたれて座り、大きく深い呼吸をしている。ぼんやりとして、忘我の境地に入っているようだ。前に立ってお供をしている（南郭子綦の弟子の）顔成子游が言った「なんと槁木死灰のごとき先生。どうやって身心をこのような状態に保つことができるのでしょうか！　今のご様子は、先ほどまでとはうって変わって、まるで別人のようでございます」。すると子綦は答えた「偃《えん》（顔成子游の呼び名）よ、よい質問だ。今、私は自分自身の存在を忘れて万物と一体となった境地に入っていたのだ。分かるかい。人のかなでる籟《ふえ》の音は聞こえても、地のそれは聞こえない。地の籟の音は聞こえても、天のそれは聞こえない（そうやって意識を深めて、その深層に入ってゆくのだよ）」。

荘子のこの一節は、静かに呼吸を整えて〈槁木〉（枯木）や〈死灰〉（火が消えて、冷たくなった灰）のごとくに静謐《せいひつ》な心の奥底に退行し、そこに〈喪我〉（忘我）の境地を体現する、まさに身体的鍛練の内容そのものの記述なのです。〈槁木〉や〈死灰〉と言えば、ややもすると、全く生命力のない、いわば〝生ける屍《しかばね》〟のような状態が連想されるかも知れませんが、そうではなくて、むしろ、老子が言う〈玄覧《げんらん》を滌除《てきじょ》し〉（『老子』第一〇章）た明鏡止水《めいきょうしすい》の心（五二ページ参照）、言い換えれば、目は覚めているのに、睡眠時のα派の脳波を計測できる座禅中の高僧のごとき意識のあり方の表象であること、すでに説明の必要はないところでしょう。

ここに〈我を喪《わす》る〉と言われる〝忘我〟の境地とは、要するに〝我〟と〝彼《あれ》〟という相対的な対立を解消または超克した、万物と一体となった境地であり、このような天地万物との一体感については、すでにお話し（八三～八四ページ）した通りです。荘子はさらにこのような天地万物と一体となった〝忘我〟の境地を、〝私〟も〝あなた〟も、すべてのものの相対的な対立は消えうせ、それぞれ全く斉一である、という意味で〈万物斉同〉と言っているのです。

〈道〉のこのような一面を強調して、〈万物斉同〉と呼ぶことは、荘子において特徴的に見えることですが、しかし、このような考え方は決して荘子だけの独創的な考え方ではなく、老子にも同様に見られるものであり、内容的には同じものです。ただ、荘子のこういった味のある表現は、やはり彼に独特のもので、こういった表現を使う彼の人物像も、少しずつ見えてくるところであると思われます。

ところで、ここで〈人籟〉とか〈地籟〉そして〈天籟〉などと言われているのは、〈人〉→〈地〉→〈天〉という意識のレベルの変化、あるいは深まりを表すための表現でしょう。〈人〉がかなでる〈籟《ふえ》〉の音は、日常的なレベルの意識で普段私たちが聞いている〝音〟ですが、それが、〈地〉

のレベル↓〈天〉のレベルと深まる（あるいは高まるとも言えるでしょうが）につれて、いわゆる〃音なき音〃（いわば〃天の声〃、そしてあのソクラテスの〃ダイモンの声〃）が聞こえる〈道〉の境地にまで入ってゆく、意識が退行してゆく様子を述べるための表現ですが、それは言うまでもなく、いわゆる〃相対観〃を乗り越えてゆく過程でもあるのです。こういったいろいろな表現を駆使してくるところが、いかにも荘子らしいところだと思われるのです。

時間の超越

そこで、上述のような身心の鍛練を、荘子はまた、〈心斉《しんさい》〉（『荘子』「人間世《じんかんせい》篇」）とか、あるいは、〈坐忘《ざぼう》〉（『荘子』「大宗師《だいそうし》篇」）等と表現して、その哲学的思惟の体系の中に位置づけようとしていました。次の引用は、荘子のこのような哲学的実践の深化の過程を象徴的に記述する一文であると考えられます。

……参日《さんじつ》にして而《しか》る後《のち》能《よ》く天下を外《わす》る。已《すで》に天下を外れて、吾《われ》また之《これ》を守るに、七日《しちじつ》にして而る後能く物を外る。已に物を外れて、吾また之を守るに、九日《きゅうじつ》にして而る後能く生《せい》を外る。已に生を外れて、而る後能く朝徹《ちょうてつ》す。朝徹して而る後能く独《どく》を見る。独を見て而る後能く古《こ》今《こん》なし。古今なくして而る後能く不死不生《ふしふせい》に入《い》る。

（『荘子』「大宗師篇」）

……（修行を続けて）三日経つと、〈天下《せかい》〉のことが気にかからなくなり、さらに七日経つと、まわりのものごとが意識されなくなり、さらに九日すると〈生〉そのものを忘れた境地に至り、そこからさらに〈朝徹〉に至る。そこではじめて〈独〉（相対を超えた〝独我〟の境地）が分かり、そして〈古今〉――文字どおりの〝時間〟――がなくなる。かくして〝時間〟が消滅して〈不死不生〉の境地に至るのである。

〈朝徹〉という言葉は、朝日に向かって行なわれる修行法を連想させるものです。また、〈古今なし〉と言われるのは、まさに文字どおり、その〈朝徹〉の〈道〉の境地が、遥かに〝時間〟を超えたものだということの謂いであること、すでに言を俟《ま》たないところでしょう。

この〝時間〟については、のちに改めて論究しますので、ここではこれ以上触れずにおきたいと思います。以下に、また違った表現を見てみましょう。

日常から〈道〉の世界へ

相対観の超克は、荘子によって、次のようにさまざまに表現されています。

━物は彼《かれ》に非《あら》ざるはなく、物は是《これ》に非ざるはなし。みずから彼とすれば則《すなわ》ち見えず、みずから知れば則ち之《これ》を知る。故《ゆえ》に曰《いわ》く、彼は是より出《い》で、是も亦《また》彼に因《よ》ると。彼是方正《かれこれほうせい》の説なり。然《しか》りと雖《いえど》も、方生方死《ほうせいほうし》、方死方生。方可方不可《ほうかほうふか》、方不可方可。是《ぜ》に因りて非《ひ》に因り、非に因りて是に因る。是《ここ》を以《もっ》て聖人は、由《よ》らずして之《これ》を天に照らす。亦是《これ》に因るのみ。是も亦彼なり、彼も亦是なり。彼《かれ》も亦一是非《ぜひ》、是《これ》も亦一是非。果たして彼《かれ》と是《これ》あるか。果たして彼と是なきか。彼と是と、その偶《ぐう》を得るなき、之を道枢《どうすう》と謂《い》う。枢にして始めてその環中《かんちゅう》を得て、以て無窮《むきゅう》に応ず。是《ぜ》も亦一無窮、非《ひ》も亦一無窮なり。

（『荘子』「斉物論篇」）

物事はすべて（見方によっては）彼《あれ》でもあり、是《これ》でもある。そうではあっても、自分で自分を彼《あれ》であるとは言えない。しかし、そのリクツが分かれば自分だって向こうから見れば彼《あれ》だということが分かるのである。だから「彼《あれ》は是《これ》から出ているし、是《これ》もまた彼《あれ》によってそのようにきまる」と言われる。彼是方《かれこれなら》び生ずるの説である。そうは言っても、一方で生じては一方で死に、一方で死んでは一方で生じ、一方では可でも一方では不可、一方では不可でも一方では可、となる。これは是《ぜ》があって非《ひ》があり、非があってはじめて是がある、という相対的な現実によるものなのである。そこで聖人たるもの、このような相対的な現象を拠り所とすることなく、一段高いレベルの〈天〉に照らし合わせて判断をする。ただひたすらこうして相対観を超克しようとするのだ。そうすることによって、是《これ》はそのまま彼《あれ》であり、彼《あれ》はそのまま是《これ》であると（言えるように）なる。彼《あれ》はそのまま是非を包括し、是《これ》もまた同じく是非を包括する。果たして彼《あれ》と是《これ》という区別があるのか、はたまたないのか。彼《あれ》と是《これ》とが、たがいにその〈偶〉（相手）を得てそうと分かるという（相対的な）あり方ではない境地、これを〈道枢〉（道のかなめ）という。〈枢《かなめ》〉にあってはじめてその円環の中心を得て、それでもって無窮の道の世界に対応できる。かくして、是《ぜ》も非《ひ》も、この無窮の中に解消されて〈万物斉同〉の境地が体現されるに至るのである。

ここで〈彼是方生の説〉とか、あるいは〈方生方死、方死方生〉などと言われるときの〈方〉とは、要するに、ものごとの判断が、常に何らかの比較の対象を待ってはじめて成立するということ、つまりそれらが全く相対的なものであることを、うまく表す言葉として用いられています。そして、この一文の前半〈是《ぜ》に因《よ》りて非《ひ》に因り、非に因りて是に因る〉までは、私たち人間の、そういった日常的なものごとの判断の相対性を、〈彼《あれ》〉〈是《これ》〉や〈生〉〈死〉、そして〈可〉〈不可〉などの実例を挙げて、それはもう徹底的に指摘するのです。

そうしておいて、しかし、私たちのこの日常的な思考や判断の相対性は、〈是《ここ》を以《もっ》て聖人は、由《よ》らずして之《これ》を天に照らす〉と、ものの見事に、と言うか、あるいはむしろ、あまりにもあっけなく超克されてしまうのです。

この〈是を以て聖人は、由らずして之を天に照らす〉以下の内容については、のちにもういちど触れますので、ここではごく簡単にお話ししますが、要するに、この一文の前の〈……非に因りて是に因る〉までと、この一文以後とでは、全く〝世界〟が違うのです。

つまり、この文章の前半部分は、日常的な相対の世界の記述なのですが、この後半部分は、これまたうって変わって〈万物斉同〉の〈道〉の世界の表現となっているのです。荘子はそのことを、〈道枢《どうすう》〉とか〈環中《かんちゅう》〉といった無限の円環のイメージ（のちにも述べますが、無限の象徴、ウロボロス——古代文明において、よくお互いの尻尾を嚙んで円環をなすヘビの絵によって表現されるイメージ——です）によって表現しようとしています。

言い換えれば、この〈……非に因りて是に因る〉までと〈是を以て聖人は……〉以下の文章との間には、いわば意識の変革、あるいは意識の次元の超克、つまり、いわゆる身体的鍛錬を通じた〝修行〟による、〈万物斉同〉の〈道〉の世界の体現があるのです。しかしそれはどのように言い表そうとしても〝言葉の網目〟に掛からない事態であり、その結果、ここのところはいかに文学的才能に恵まれた荘子とて、なかなかうまく描写できなかったために、このような、いわば論理の飛躍が行なわれるのやむなきに至ってしまったのです。

このような例は、じつは『荘子』の中に多数見うけられます。つぎに、もうひとつだけその例を挙げて、荘子の文章の特徴を見てみましょう。

道は之《これ》を行きて成《な》り、物は之を謂《い》いて然《しか》り。悪《いず》くにか然りとせん。然るを然りとす。悪くにか然らずとせん。然らざるを然らずとす。悪くにか可《か》とせん。可を可とす。悪くにか不可とせん。不可を不可とす。物には固《もとよ》り然りとする所あり。物には固り可とする所あり。物として然らざるなく、物として可ならざるなし。故《ゆえ》に是《これ》が為《ため》に莛《てい》と楹《えい》、厲《らい》と西施《せいし》を挙ぐれば、恢恑憰怪《かいききつかい》なるも、道は通じて一たり。その分かるるは成《な》るなり。その成るは毀《こわ》るるなり。凡《およ》そ物は、成ると毀るるとなく、また通じて一たり。ただ達者《たつしゃ》のみ通じて一たることを知る。是が為に用いずしてこれを庸《よう》に寓《ぐう》す。

（『荘子』「斉物論篇」）

道路というものは、人がそこを通ってできるものであり、ものごとも人がそれを〝～のモノ〟と呼んで認識して、そこではじめてその〝モノ〟となりうるわけである。何をそうだとするのか。そうであるものをそうだとする。何をそうではないとするのか。そうではないものをそうではないとするのだ。では何を可《か》とするのか。可《よ》いものを可《か》とする。何を不可《ふか》とするのか。不可《よくな》いものを不可とするのだ。（これらはみな日常的な思考による相対的な判断である。しかし〈万物斉同〉の〈道〉の世界から見れば）ものごとには、もともとそうだと決まっていることがあり、もともと可《か》とするところがあるのだ。かくして、ものごとはみなそうでないものはなく、可《よ》くないものはない。それ故に、莛《てい》（細い木の幹）と楹《えい》（太い柱）、そしてまた厲《らい》（醜悪な人物）と美人の西施《せいし》といった取りあわせは、日常的な相対の世界では、いかにも奇怪でおかしな対照ではあるが、〈万物斉同〉の〈道〉の立場から見れば、それらはみな通じて斉一なるものである。分散は集成、完成は破壊。ものごとは完成もなく破壊もなく、すべてを通じて斉一である。ただ〈道〉に達した者だけが〈万物斉同〉の道理を分かっている。そこで相対的な浅知恵をはたらかせず、その判断を〈万物斉同〉の〈道〉の立場である）〈庸《よう》〉（ありのまま）に任せるのである。

ここでもまた、荘子の筆は、〈不可を不可とす〉という日常的な相対の判断の世界から、一気に〈物には固《もとよ》り然《しか》りとする所あり……〉という〈万物斉同〉の〈道〉の世界へと突入してゆきます。あたかも、その前後のつながりは、「読者のあなた方に任せます」と言わんばかりの筆づかいではありませんか。

いや、実際のところそうなのです。荘子の〈道〉の世界も、先に見た老子の〈道〉と全く同じように、私たちひとりひとりが、それぞれの立場でみずからを深めて、これを体現してはじめて本当に「分かった」と言えるものであって、どのような名文・名言であろうとも、これを直接的には言い表すことができないのです。

そこで、先に引用した〈南郭子綦《なんかくしき》〉の説話のような（一〇三〜一〇四ページ）文章が現れるのです。あの一文は、荘子のこのような考え方を典型的に表現する記述であったと言えるでしょう。〈南郭子綦〉の説話において典型的に語られていたとおり、荘子の〈万物斉同〉の〈道〉の世界は、私たち自身が、何らかの身体的鍛練を通じて、意識の深層領域への退行を実践して、みずから体現すべき境地でした。

そこで荘子自身も、その間の、つまり個人の実践にゆだねられる部分については、あえて筆を進めず、何も記述しないでおいて、すべてを読者みずからの実践的理解にゆだねる、という態度を取るのでした。それは何よりも、〈万物斉同〉の〈道〉の世界というものが、〝言葉を超えた世界〟であったからにほかなりません。

ただ、それと同時に、荘子の文学的才能は、これをそのままに放ってはおけませんでした。そこで、例の〈南郭子綦〉の説話のような、隠喩や寓言による象徴的表現による記述が創作されるに至るのです。

このような観点から、先に引用した荘子の文章をもういちど見直すと、特にその〈万物斉同〉の〈道〉の世界についての記述の部分において、さらに細やかな荘子の筆づかいが見えてくるのです。以下に少し見直してみましょう。

3 〈万物斉同〉の境地

〈聖人〉と〈達者〉

先に引用した（一〇八ページ）の荘子の一文の後半です。

是《ここ》を以《もっ》て聖人は、由《よ》らずして之《これ》を天に照らす。……彼《かれ》と是《これ》と、その偶《ぐう》を得るなき、之を道枢《どうすう》と謂《い》う。枢にして始めてその環中《かんちゅう》を得て、以て無窮《むきゅう》に応ず。是《ぜ》も亦《また》一無窮、非《ひ》も亦一無窮なり。

（『荘子』「斉物論篇」）

（口語訳は一〇八〜一〇九ページを参照）

ここでまず〈聖人〉とは、あの〈南郭子綦〉と同様に、身体的鍛練を積んで、みずからの意識の奥底に退行し、日常的な相対観を、いわば〝内面的〟に超克した人物です。
この〈聖人〉は、彼の意識の深層領域において〈彼《あれ》〉〈是《これ》〉や〈是《ぜ》〉〈非《ひ》〉といった相対差別のない〈万物斉同〉の〈道〉の世界を体現します。荘子はまた、その境地を、この日常的世界を超えた次元を表わす〈天〉という言葉で表現しているのです。
そこで、〈道枢《どうすう》〉といい〈環中《かんちゅう》〉という無限の円環の象徴、すなわちウロボロスが現われ、その無限の広がりの中で、〈是《ぜ》も亦《また》一無窮、非《ひ》も亦一無窮なり〉と、〈是〉〈非〉の相対的な対立が超克されるのです。これこそまさに、荘子の〈万物斉同〉の〈道〉の世界の真骨頂であると言えるでしょう。
もうひとつ、先に見た例文を、見直してみましょう。

物には固《もとよ》り然《しか》りとする所あり。物には固り可《か》とする所あり。物として然らざるなく、物として可ならざるなし。故《ゆえ》に是《これ》が為《ため》に莛《てい》と楹《えい》、厲《らい》と西施《せいし》を挙ぐれば、恢恑憰怪《かいききっかい》なるも、道は通じて一たり。その分かるるは成《な》るなり。その成るは毀《こわ》るるなり。凡《およ》そ物は、成ると毀るるとなく、また通じて一たり。ただ達者《たっしゃ》のみ通じて一たることを知る。是が為に用いずしてこれを庸《よう》に寓《ぐう》す。

（『荘子』「斉物論篇」）

（口語訳は一一一～一一二ページを参照）

ここで〈達者〉とは、先の〈聖人〉、さらには〈南郭子綦〉などと同じく、みずからの意識の内奥に〈万物斉同〉の〈道〉の世界を体現した人物であること、すでに言を俟たないところでしょう。その〈達者〉にしてはじめて、〈道は通じて一たり〉と〈万物斉同〉の〈道〉の世界を体現できるのです。そこで、〈是《これ》が為《ため》に用いずしてこれを庸《よう》に寓《ぐう》す〉、つまり日常的な〝相対の世界〟での〈然〉〈不然〉や〈可〉〈不可〉などの相対的な対立を超克して〈庸《ありのまま》〉にまかせる、というのです。

〝ありのまま〟であること

〈庸《ありのまま》〉と言えば、簡単そうに感じられるかも知れません。私たちは、日常の普段のあり方が、あるいはこの〈庸《ありのまま》〉だと思いがちです。しかし、じつはそうではないのです。すでにいささかお話ししましたが、たとえば〈無為自然〉というのも、決して「食べたいものを食べたいだけ食べ、飲みたいものを飲みたいだけ飲む」のではなく、むしろ場合によってはそれらを節制して成し遂げられる一種の〝境地〟なのです。

〝自然〟という言葉は、全く自分勝手なやりたい放題のあり方、というのではなく、むしろ〝自然の理にかなった、あるべきあり方〟と理解した方が分かりやすいでしょう。私たちが本来あるべきあり方でいるとするならば、その限りにおいて「食べたいものを食べたいだけ食べ、飲みたいものを飲みたいだけ飲」んで、それでちょうどよい状態になるのですが、実際の私たちは、残念ながら、〝自然の理にかなった、あるべきあり方〟からはかなりはずれたあり方をしているので、その結果、もし本当に「食べたいものを食べたいだけ食べ、飲みたいものを飲みたいだけ飲」んだら、それはもう糖尿病をはじめ、種々の生活習慣病、ひいては命にかかわる病気になってしまうのです。〈無為〉とは、ほかならぬ〝修行〟のことでした。私たちは、この〝修行〟を通じて、はじめて〈無為自然〉を体現することができるのです。

そこで、ここに言う〈庸《ありのまま》〉とは、日常の相対差別によって成り立っている不真実なものごとのあり方ではなく、〈万物斉同〉の〈道〉の世界の中での、つまり、すべてのものごとが、その相対差別なく、全く斉一に存在している、その本当に本来あるべきあり方、という意味で〈庸《ありのまま》〉と言われているのです。

先にお話ししたとおり、私たち自身の真の姿、つまり私たちの〝ありのまま〟の姿としての〈道〉を体現するのは、本当に大変なことでした。そのことを思い出していただければ、ここで私が〈庸《ありのまま》〉のあり方でいるのはとても大変なことだと言うのも、全くもっともなことであると分かっていただけると思うのです。

〈道〉の表現の試み

さらにもう少し、〈万物斉同〉の〈道〉の世界の体現についての、荘子のさまざまな文章を見てみましょう。

至人《しじん》は神《しん》なり。大沢《だいたく》焚《や》くとも熱《あつ》からしむる能《あた》わず。河漢《かかん》凍《こお》るとも寒からしむる能わず。疾雷《しつらい》の山を破り飄風《ひょうふう》の海を振《うご》かすとも驚かしむる能わず。かくの若《ごと》き者は、雲気に乗じ日月《じつげつ》に騎《の》りて、四海《しかい》の外に遊び、死生《しせい》も己《おのれ》を変うることなし。しかるを況《いわ》んや利害の端《たん》をや。

(『荘子』「斉物論篇」)

〈万物斉同〉の〈道〉の境地に至った人物――〈至人〉――は、外見的には神秘的な存在である。大きな野原の野火にも熱がらず、黄河や漢江などが凍るような寒い日にも寒がるようなことはない。また激しい雷が山を砕き、強烈なつむじ風が海上にうねりを起こすようなことがあっても驚くことはなく、常に心静かでいる。このような人であればこそ、あたかも雲気や日月にうち乗って、この世界の外側(つまり、〈万物斉同〉の〈道〉の世界)に遊び、死生にすらもその心を動かされない。ましてや利害の一端など、何の影響を与えようか。

この一文では、〈万物斉同〉の〈道〉の境地に至った人物という意味で、〈至人〉という言葉が使われています。〈聖人〉〈達者〉そして〈至人〉と、荘子はさまざまな言い方によって、この〈万物斉同〉の〈道〉を体現する人物を表現しようと試みるのです。

それはほかでもない、荘子の文学的才能のなせるわざであること、すでに言を俟たないところでしょう。きわめて単刀直入な言い方をズバリズバリと書き記す、それゆえ、ある意味ではちょっとぶっきらぼうな老子に比べて——と、相対観に縛られた表現になってしまい、はなはだ不本意なのですが——荘子はその筆の力を駆使して、さまざまな表現を私たちに提示してくれるのです。

とはいえ、それだけたくさんの表現を使うということは、じつは荘子自身も困っている、ということなのです。つまり、言ってみれば「これだ！」という〝決め手〟がないのです。あの〈万物斉同〉の〈道〉について、ひとことでズバリと言い表せるものなら、荘子とてとっくにそうしているはずです。それができないから、ついつい饒舌《じょうぜつ》になってしまうのです。

よく〝二枚看板〟などと言って、いろいろな集団で、その人材が豊富なことを謳い文句にする場合があります。ハタから見れば、うらやましい限りかも知れませんが、よくよく注意して見てみると、そういう場合の多くは、たいてい〝決め手〟がないのです。スポーツで言えば、要するに〝エース〟がいないので、しかたなくAとBと二人の選手を、その戦況に応じて入れ代わり立ち代わり交代させているにすぎないのです。

つまり〝二枚看板〟のチームの監督は、ハタで見るほど楽じゃない、やりくりに苦労している、ということなのです。それでは本当に実力のある超一流の選手が、しかし同じポジションに二人いた場合、どうなるでしょうか。〝両雄ならび立たず〟というのがその答えでしょう。これはスポーツの世界に限ったことではありません。芸道の世界でも学問の分野でも、とにかくそこが真剣勝負の行なわれている実力の世界であるならば同じことです。

いささか息が詰まるような話ですが、真剣勝負の世界はやはりきびしいものです。お互い怨みっこなしです。ただ、その結果、どういうことになるか、絶妙の〝天の配剤〟を、私たちは随所に見つけることができるでしょう。

さて、このようなわけで、荘子もそのような〝やりくり〟に苦労していたのです。もともと言葉にならないものを言葉にしようとしているのですから、それはもとよりムリな話で、あれこれ多くの表現を使えば使うほど、その核心から離れて行ってしまうような歯がゆい気持ちを、荘子は痛いほどよく分かっていたものと思われます。

先に見ましたが（七・九九ページ）、荘子は自分の言葉を〈妄言《もうげん》〉（デタラメ）と、ちょっと自嘲めいた調子で言っていました。ここまでくれば、彼のその複雑な気持ちも、よく分かるというものでしょう。

〈至人〉のあり方

そこで本題に戻って、この〈至人〉は、日常世界の〈大沢焚く《だいたくや》〉〈河漢凍る《かかんこお》〉〈疾雷《しつらい》の山を破り飄風《ひょうふう》の海を振《うご》かす〉といった異変にも、いちいち心を動かされることがありません。ただし、そういった外界の現象をシャットアウトして、ひとり、自分のカラに閉じこもっているわけではありません。彼らとて、外界にそのような現象が起きていることは、ちゃんと認識しているのです。ただ、彼らの心が常に冷静で、それら外界のものごとに対して動揺することがない、ということなのです。天変地異に遭っても、どうやって対処したらよいかが見えているからです。

天変地異に遇えば、気が動転するのももっともなことですが、それでパニックになって人命が失われていいということはありません。ただ大騒ぎをして逃げまわるだけでなく、冷静沈着に対処して、その危機を乗り越えてゆくことこそ、真の意味での〝人間〟らしいあり方なのではないでしょうか。

〈雲気に乗じ日月《じつげつ》に騎《の》りて、四海《しかい》の外に遊ぶ〉というのは、〈至人〉の、いかにも超然とした姿の描写です。目先のこせこせした出来事に一喜一憂する大衆を尻目に、ひとり泰然自若《たいぜんじじゃく》として、おのが真実の〝生〟を生きてゆく。いかにも〈道〉を体現した〈至人〉というにふさわしい人物です。先に見た『老子』第二〇章（六四ページ）に描かれる、〈我ひとり人に異なりて、食母《しょくぼ》を貴《たっと》ぶ〉という老子の心情を思い起こさせる記述です。

〈生〉と〈死〉の本質

そして、そのような人物であればこそ、〈死生《しせい》も己《おのれ》を変うることなし〉という〈万物斉同〉の〈道〉の境地を体現できるのです。このことはまた、別の箇所では、〈万物《ばんぶつ》尽《ことごと》く然《しか》りとして、是《これ》を以《もっ》て相蘊《あいつつ》む〉(『荘子』「斉物論篇」)とか、あるいはまた、

━ 古《いにしえ》の真人は、生を説《よろこ》ぶを知らず。死を悪《にく》むを知らず。

昔の〈真人〉は〈生〉に執着することはなく、いたずらに〈死〉を避けようともしない。

(『荘子』「大宗師篇」)

とも言われています。

それは決して人の生命を軽んじているわけでも、ましてや、必要以上に〈死〉を賞揚しているのでもありません。そのようにして人の〈生〉〈死〉を相対的にとらえている限り、本当の意味で〈生〉を大事にすることはできないというのです。そうではなくて、本当に〈生〉を大事にするということは、それと同様に、〈死〉を大事にすることができなければ、決して実現できないことなのです。

私たちは常に〈生〉の一部としての〈死〉を内に抱いて生きているのです。つまり、〈死〉は〈生〉の一部なのです。だから、本当に〈生〉の本質が理解できれば、真の〈死〉の意味も分かる

のです。人の〈生〉と〈死〉の本質を分かろうとしないで、ただやみくもに〈生〉に執着し、〈死〉を忌み嫌うようなことでは、本当に意義のある、充実した〈生〉は送れないということなのです。

そのようにして生きてみて、はじめて本当に、人の命（〈生〉）のかけがえのない大切さと、どうすればそれを本当の意味で大切にすることができるか、ということが分かるはずです。とはいえ、ここで何よりも重要なことは、荘子のこの主張が、ただ単に〝言葉の上〟で、理論的にそのように説かれているのではなく、現実におのが意識の奥底に、みずから〈生〉の真実を体現して、その〈生〉の一部分としての〈死〉の実際を把握したうえで——すなわち、〈死〉のなんたるかをみずか

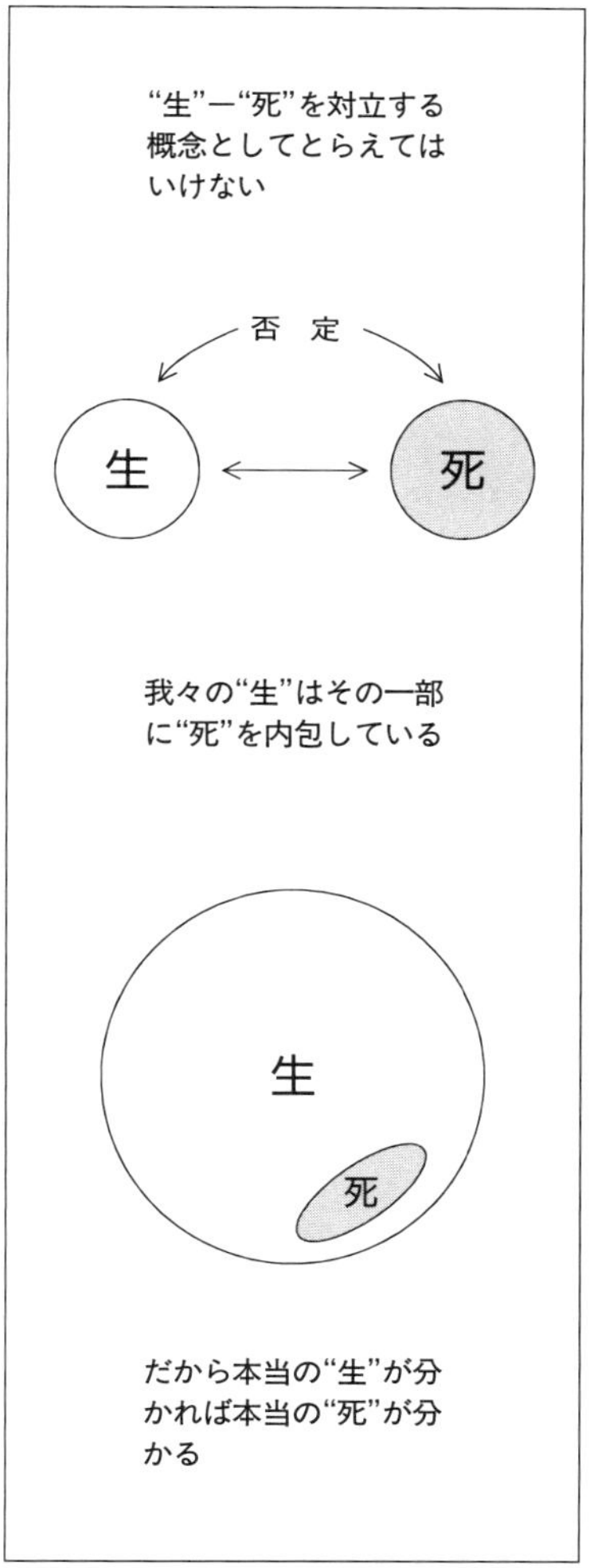

“生”—“死”を対立する概念としてとらえてはいけない
否　定
生
死
我々の“生”はその一部に“死”を内包している
生
死
だから本当の“生”が分かれば本当の“死”が分かる

ら明確に体得したうえで――このように記述されているということです。

ただ単に言葉の上の理屈で〈生〉の重みをいくら分かったつもりになっても、実際に〈死〉に臨んだとき、どれほどの意味があるでしょうか。それは言葉や理屈で分かるものではないのです。ただ、よく大病などから生還した人が、その大病に冒されて、死の際に立たされたとき、学校で習った哲学も学問も何の役にも立たなかった、などと言うのを耳にしますが、そんな〝学問〟や〝哲学〟でよいのでしょうか。

私はひとりの大学人として、それではいけないと思います。大学にまで行って〝学問〟や〝哲学〟を学んで、それでいて人間の〈生〉の重み、ひいては〈死〉の意味も分からないというのでは、いったい何のための〝学問〟や〝哲学〟、ひいては〝大学〟なのでしょうか。

荘子のいわゆる〈妄言《もうげん》〉とは、決してそのような事実が存在しない、という意味ではなく、むしろ、その厳然たる事実を伝えるに当たっての〝言葉〟の空しさを言うものであった、と思われるのです。

4　荘子と〈万物斉同〉の〈道〉

山中の隠者

以上のように、荘子にとって〈万物斉同〉の〈道〉の世界というものは、彼みずからにおいて体現された現実の世界でした。そこでさらに注目すべき点は、彼がその〈道〉の世界に没入して行ったきり、この日常的な相対の世界に戻ってこようとしなかったことなのです。

ただし、そうは言っても、それはあくまでも荘子の心情を象徴的にたとえたまでのことです。いくら荘子とて、常にその意識のレベルを深く静謐《せいひつ》な状態に保っていることはムリでしょう。そんなことができるとしたら、文字どおり、ほとんど神様的な存在しかいないでしょう。荘子とて常日頃は、やはり〝フツーの人間〟だったのです。

このことは、老子やその他のこういった思想を残した人物を見ても同じことです。彼らとて、日常的な生活の中で、多くの時間を〝フツーの人間〟として過ごしていたのです。

ただ彼らと俗人との大きな相違点は、ときに〝フツー〟でない人物に――つまり、ある意味で、より深い、またはより真実の〝ひと〟になれる、ということなのです。

たとえば、あの宮本武蔵とて、日常的な生活の中では、やはり〝フツーの人間〟だったのです。彼の書いたものを読んでみると、彼の〝フツーの人間〟としての〝死への恐怖〟やさまざまな心情が見て取れます。ただ、ひとたび剣を構えるや、〝人が変わる〟のです。

目にも止まらぬ速さで振りおろされる相手の太刀筋を見切り、相手の剣よりさらに速くおのが剣を振りおろし、一瞬の差で、とハタ目には見えるでしょうが、彼にとっては、まことに〝平常心〟のゆくまま、ゆっくりと確実に相手を斃《たお》すのです（「私は剣を振りおろさない。ただ、自然に剣が振りおろされるのだ」という剣術の〝達人〟の言葉のとおりです）。

いかに腕力があろうと脚力があろうと、日常的な意識のまま、ただ漫然と（本人はそういうつもりではないでしょうが）剣を構えている人物では、とても勝負にならないのです。

とはいえ、このような宮本武蔵とて、常日頃から、いつもそのような〝心眼〟の開かれた状態でいたわけではないのです。いつでも必要に応じて、そのような状態にいち早くなることができる、それが達人の達人たるゆえん、ということになるのでしょう。

さて、そのような事情は、荘子も全く同じで、彼とて日頃は〝フツーの人間〟でいたわけですが、彼はまわりの俗人と違って、心の奥底に〈万物斉同〉の〈道〉の世界を抱いています。そして定期的に——おそらく朝夕でしょうか——そこを〝訪れ〟ています。

そういう意味での〝自分だけの世界〟を持っていたのです。彼はそのような世界をひとり大事にして、なるべく俗世間に出てこようとはしなかった——そういう意味で、私は彼のことを〝山中の隠者〟だった、と表現するのです。

そこで荘子のこのような人物像を、最も良く伝える伝説的（おそらく実話ではないでしょう）記述を、次に引用してみましょう。

〈尾を塗中に曳く〉

それは次のような話です。

荘子、濮水《ぼくすい》に釣《つり》す。楚王《そおう》、大夫《たいふ》二人をして往《ゆ》きて先んぜしむ。曰《いわ》く、願わくは竟内《けいない》を以《もっ》て累《わずら》わさん、と。荘子、竿《さお》を持ち顧《かえりみ》ずして曰く、吾《われ》は聞く、楚《そ》に神亀《しんき》あり。死して已《すで》に三千歳。王は巾笥《きんし》して之《これ》を廟堂《びょうどう》の上に蔵《ぞう》す、と。此《こ》の亀は、むしろそれ死して骨を留《とど》めて貴《たっと》ばるることを為《な》さんか、むしろそれ生きて尾《お》を塗中《とちゅう》に曳《ひ》かんか、と。二大夫曰く、むしろ生きて尾を塗中に曳かん、と。荘子曰く、往《ゆ》け。吾まさに尾を塗中に曳かんとす、と。

（『荘子』「秋水《しゅうすい》篇」）

荘子が濮水という川で釣をしていたところ、楚の王様が家老二人を使いによこして荘子を招聘しようとした。家老が言った「楚国の政務を担当されたい」と。荘子は釣竿を持ったまま、振り向きもせず、こう言った「聞くところによりますと、楚の国には神亀があるが、死んでから三千年もたつものだそうで、王様はこれを絹に包んで先祖の霊廟《れいびょう》にしまっておられるとのこと。しかし、この亀にしてみれば、どうでしょう、死んでその骸骨を大切にしまっておかれるのがよいのか、それとも、生きて泥水の中を自由に動きまわるのがよいのか、いったいどちらがよいのでしょうか」。二人の家老は言った「それはもう生きて泥水の中を自由に動きまわる方が……」。荘子はすかさず言った「お帰りめされよ。私も泥水の中を自由に動きまわるとしましょう」と。

国政を担当して、政治の場面で、みずからの〈道〉を体現してゆこうとするのは、むしろ、先に見た老子の〈道〉の体現のしかたであったと言えるでしょう。荘子はこれとは違って、むしろ、ひっそりと世間の雑踏から身を引いて、みずから体現した〈万物斉同〉の〈道〉の世界を胸に抱きつつ、ひとり自分の世界を守り、そしてこれを楽しんで、その真に自由な〝生〟を全うしてゆこうとするのです。

ここで〈尾《お》を塗中《とちゅう》に曳《ひ》く〉と言われていますが、これはまた、決して単なるたとえではありません。ここで〈塗中〉つまり泥水の中というのは、のちに見る（一五七ページ）〈渾沌《こんとん》〉たる〈道〉の世界の象徴的表現です。〈渾沌〉たる〈道〉の世界に〈逍遥遊《しょうようゆう》〉し、自己の真の〈生〉を全うする。いかにも荘子らしい生き方ではありませんか。

〈塗中〉に尻尾を曳きずりながら自由に生きる〈亀〉の姿は、決して単なる〝たとえ〟ではなくて、荘子はそこに彼自身の姿を重ねあわせているのです。

かくして荘子は、日常的な相対の世界、つまり世俗的な一般世間からすっかり身を引いて、みずから山中に籠もり、精神的にも身体的にも解放された、おおらかで自由な〝生〟を全うする、文字どおり〝山中の隠者〟と呼ぶにふさわしい人物なのでした。

こうして見ると、この荘子という人物の人となりは、先に見た老子とは、かなり違っています。しかし、それはそれでよいのだと思います。両者とも、冷静な哲学的思索と、真摯な身体的鍛練とを行なって、その結果、真実の自己を明確に把握した上で、それぞれ真の意味での〝自分の生〟を送っているのですから。

真実の自分の姿を明確に見極めて、その上で本当に自分に合った生き方をする。きわめてあたりまえのようで、実際にこれができている人はめったにいない――まさに私たち人間にとって永遠の課題を、彼らはそれぞれの個性にあったやり方で実現して、その〝生〟を全うしたのでした。

第二章

老荘思想をめぐって

I 〝時間〟と〝空間〟をめぐって

1 時間・空間から見えてくるもの

そもそも時間・空間とは

〝時間〟と〝空間〟についての考え方は――それがひとつの〝時空観〟として体系的に把握されると否とにかかわらず、少なくとも、ひとつの〝時空意識〟として――哲学的思惟の脈絡の最も根幹をなす、いわば最大のキーポイントであると考えられます。時間・空間という形而上学的な広がりは、目には見えないものですが、それでいて、それなくしては私たち人間の認識それ自体が成り立たなくなってしまうところの、非常に重要な、それでいていささか謎めいた課題であると言えるでしょう。そのようなものであればこそ、〝時間〟と〝空間〟は、私たちの〝知〟を深く掘り下げる認識論の中心的課題であると思われるのです。かくして、この〝時間・空間〟は、洋の東西・時代の古今を問わず、種々の哲学思想において、その表現の形態や理論の形式のいかんを問わず、きわめて普遍的に取り上げられてきた、最も基本的な問題のひとつであったのです。

時間・空間とは、要するに、私たちがものを〝知る〟際の一種の〝ワク組み〟であると言えるでしょう。それは、〝主客〟、つまり、物事を知る〝主体〟と、その対象としての〝客体〟という、もうひとつのワク組みとともに、私たちの認識、つまり、ものを知るというはたらきの基盤になっているのです。したがって、あるひとつの哲学的思惟の体系において、その時空観——あるいは、より一般的な意味での時空意識——の内容を明らかにすることは、とりもなおさず、その哲学的思惟の最も本質的な特質を、きわめて簡潔に、そして明確に浮き彫りにするものであると考えられるのです。

さらにまた、あるひとつの哲学的思惟の体系において、その体系に独特な〝時空〟の中に見いだされる森羅万象の存在世界は、まさにその時空の形態に応じて独特の現れ方を呈するのです。つまり、時空が世界のあり方を決定する、と言っていいでしょう。したがって、あるひとつの哲学的思惟の体系において、その〝時空〟の内容が認識論的に明らかにされたならば、それに従って、その存在論的構造——すなわち、その世界観——も、おのずと明らかにされるに至るのです。その〝時空〟を明らかにすることが、その〝世界〟の全体像を明らかにすることに連なり、ひいては、その哲学的思惟の体系そのものの解明にまで至るのであると考えられるのです。

今、広く人類の哲学的思惟の歴史的発展の流れの中から、ひとつだけ例を挙げるならば、かのアリストテレスが、まずその『フィジカ（自然学）』において、運動と時間の問題についての基礎的な考察を行ない、しかるのち、『メタ＝フィジカ（後自然学）』において〝存在〟そのものについての形而上学的考察を行なっていることに、その典型的な一例を見ることができると言えるでしょう。つまりこれは、認識論的な次元での時間についての考察から、存在論的考察へと連なる哲学的思惟の深化の過程を、典型的に示す一例であると思われるのです。

ところで、時間と空間とは、いわば同じひとつのコインの両面であると言うことができるでしょう。両者は、互いに分かちがたく結びついており、時間の後ろには常に空間が、そして空間の後ろには常に時間が、それぞれ影のごとくに付き添っているからです。したがって、仮に単独で「時間」と言い、あるいは「空間」と言っても、それは「時空」と言うのとほとんど同じで、ただ、どちら側から見ているかの相違にすぎません。以下の説明においては、上のような意味あいで、つまり、互いに他を意識しながら、「時間」および「空間」という言葉を用いるものとします。

中国古代の時空観

それでは、中国古代における伝統的な時空観とは、いったいどのようなものだったのでしょうか。それは、元来、現象の位置を決定するための広がり・過去現在未来または前後の区別・運動の可能性の根源・理性的な認識のワク組み等といった意味を含めた、漠然とした〝ニュートン的（相対的）時空観〟を基本として、それを日月星辰《せいしん》とか春夏秋冬といった、循環を繰り返す自然現象において具体的に表象する、というものであったと考えられます。すなわち、自然現象の移ろいゆく姿の後ろに、漠然とした〝時空〟の観念を持ちつつ、日頃はその移ろいゆく現象そのものに〝時空〟を重ね合わせて見ているという、ごく日常的な認識の範囲内にあるものであったと言えるでしょう。その最も典型的な一例を、『易経《えききょう》』の中に見ることができます。

日往《ゆ》けば則《すなわ》ち月来たり、月往けば、則ち日来たる。日月相推《じつげつあいお》して明《めい》生ず。寒《かん》往けば、則ち暑《しょ》来たり、暑往けば、則ち寒来たる。寒暑相推して歳成《さいな》る。（『易経』「繋辞《けいじ》下伝」）

日が沈めば月が昇り、月が沈めば日が昇る。かくして毎日が過ぎてゆく。冬が終われば夏が来て、夏が終われば冬になる。かくして年が過ぎてゆく。

このような基本的な時空認識が、さらに日常的な意識の次元において明確に概念化されて、一定の形態のもとにまとめられたものが、『呂氏春秋《りょししゅんじゅう》』の「十二紀首章《じゅうにきしゅしょう》」や『礼記《らいき》』の「月令《がつりょう》」等に見える、いわゆる〝時令説《じれいせつ》〟、つまり、各月それぞれにあった政令を、その月ごとに定めて遂行する、という学説であったと考えられるのです。

それでは、このような考え方に基づいた中国古代の時空観は、その後どのように展開していったのでしょうか。ここでは、この中国古代における時空観というベクトルに沿って、老子・荘子、そして荘子の後学たちによる一連の考え方を跡づけ、さらにこれを荀子《じゅんし》の時間意識と比較することによって、老荘思想の特質をさらに浮き彫りにしてゆきたいと思います。

ここで、これからお話しすることの主な内容をあらかじめ簡潔に述べておきますと、およそ次のようになるかと思います。老子と荘子は、時空を遥かに超えた意識の深層領域において、〈道〉および〈万物斉同〉の世界をみずから実践的に体現することを通じて、人間存在の真理と〝世界〟の真相を追究しました。ところが、その荘子の実践的な〈道〉の境地を、荘子の後学たちは、単なる理屈によって皮相に解釈しようとしました。彼らは、むしろその時間・空間の二形式によりすがるかたちで、その理屈を展開し記述します。その結果、彼らの理論的思惟は、かえって内容的には、常にみずからの思惟を時空の二形式の中において冷静に、そして理論的に展開した、荀子の形而上学的思惟と、全く同一の形式を踏み行なうものとなってしまうのです。彼らの記述は、理論的にも内容的にも、荀子のそれと奇妙な一致を見せるものとなっています。

かくして、中国古代における形而上学的思惟のひとつ（二者ひとくみの一対、つまり、老子＋荘子：荘子の後学たち＋荀子）の典型が出そろうこととなるのです。それでは、まず老子の〈道〉の思想における時空観を、老子の思想をふり返りつつ、垣間見てゆくことにいたしましょう。

2 老子の時空観

老子の〈道〉と時空

老子の哲学的思惟の体系を顧みると、時空はきわめて重要な思想的契機をなしていることが分かります。しかし、それはむしろ逆説的な意味において重要なポイントをなしているのです。つまり、老子の〈道〉の世界には、実際のところ時間も空間もないのです。なぜならば、老子の〈道〉の世界というものは、時空のワク組みによって本質的に成り立っているところの、この現象の世界を遥かに超えたところに実現されるものだからなのです。

老子の〈綿々《めんめん》として存《そん》するが若《ごと》し〉（第六章）、〈微妙玄通《びみょうげんつう》にして、深きこと識《し》るべからず〉（第一五章）、〈明道《めいどう》は昧《くら》きが若《ごと》く、進道《しんどう》は退《しりぞ》くが若し。……大方《たいほう》は隅《ぐう》なし。……大象《たいしょう》は形《かたち》なく、道は隠れて無名なり〉（第四一章）等といった発言は、この間の事情を明確に記述するものであると思われます。

すなわち、老子の〈道〉は、時空のワク組みを遥かに超えて〈綿々と〉して実在しつつも、その存在を認識論的に、つまり人間の〝知〟の対象として確定できず（第六章、第一五章）、かつ時空の中において、〝知る主体―知られる対象〟という表象となりえないがゆえに、〈明〉もなく〈味《まい》〉もなく、〈進〉もなく〈退〉もなく、〈方〉や〈象〉といった経験的知覚の内容にもなりえず、ついに〈隠れて無名なり〉（第四一章）と結論づけられるに至るのです。そこで〈大道《たいどう》は甚《はなは》だ夷《たいらか》なり〉（大いなる〈道〉というものは、はなはだ平坦でシンプルなものである。第五三章）という〈道〉の世界が切り開かれ、そこにその〈私《わたくし》を成す〉――本来あるべき「私自身」を成就する――ことが説かれる（第七章）のであると考えられるのでした。

ところが、この超越的な〈道〉の世界を私たちの日常的な言葉の次元で展開しようとすると、そこにいちどは乗り越えたはずの時空というワク組みが再び出現し、老子の〈道〉の世界を、色褪せた処世訓の茶番と化してしまうのです。それは、この時間と空間という広がりが、私たちが日常的な現象の世界を知的に認識する際のワク組みを構成している超越論的な（つまり、我々の認識に先立って存在するところの）二形式であるからにほかなりません。

そこで以下、老子の哲学的思惟において、一種逆説的な意味で最も重要なキーポイントである時空について、さらに老子の〈道〉の哲学思想に沿って明らかにしてゆきたいと思います。

相対観と時空の関係

老子の哲学的思惟の体系において最も根幹をなす世界観は、認識論的な観点から言えば、いわゆる〝相対観〟でした。それは、老子みずから、

> 天下みな美の美たるを知る。これ悪なるのみ。天下みな善の善たるを知る。これ不善なるのみ。故《ゆえ》に有無《うむ》相生《あいしょう》じ、難易《なんい》相成《な》り、長短相形《あらわ》れ、高下《こうげ》相傾き、音声相和し、前後相随《したが》う。是《ここ》を以《もっ》て聖人は無為《むい》の事に処《お》りて、不言《ふげん》の教えを行なう。
> （『老子』第二章）
>
> （現代語訳は二一ページを参照）

と指摘するとおり、私たち人間にとっては、〈美〉も〈悪〉も、あるいは〈善〉も〈不善〉も、いずれも互いに相手があってはじめて、それぞれ〈美〉であり、〈悪〉であり、また〈善〉であり、〈不善〉でありうるのです。つまり、それらは、あくまでも相対的に、〈美〉〈悪〉・〈善〉〈不善〉等と認識されているにすぎず、決して絶対普遍の〈美〉〈悪〉・〈善〉〈不善〉等があるわけではないのです。なぜならば、私たち人間の認識のいとなみが、常に〈有無〉〈難易〉〈長短〉等の相対のワク組みの中でなされるものであり、したがって、私たち人間の〈知〉が、決して、絶対普遍の真理を認識できないからである、というのでした。

とはいえ、同時にまた、ここでそれらの相対観が、〈有無〉〈高下〉〈前後〉等と、全き時空のワク組みに沿って記述されていることは、今この論述において、きわめて重要な意味があるのです。つまり、老子は、私たち人間の理性的思惟、つまりものごとを論理的に知り、考えてゆくはたらきが、時空のワク組みによってはじめて可能になっているという事実を、きわめて明確に意識し、その問題点を的確に認識していたのです。そして、老子の〈道〉は、この「相対」の桎梏《しっこく》を、ある種の哲学的実践によって超克してゆこうとするのでした。

修行の目的

老子は、身体的鍛錬を通じてみずからの意識の深層領域に参入していく、いわゆる〝修行〟を通じて、この日常的相対の世界を超克し、そこに真実の自己を体現して、〈道〉の世界を実現しようとするのでした。彼の次の言葉は、その典型的な記述のひとつであると考えられます。

五色《ごしょく》は人の目をして盲《もう》ならしむ。五音《ごいん》は人の耳をして聾《ろう》ならしむ。五味《ごみ》は人の口をして爽《そう》ならしむ。馳騁田猟《ちていでんりょう》は人の心をして発狂せしむ。……是《ここ》を以《もっ》て聖人は腹《はら》を為《な》して目を為さず。

（『老子』第一二章）

（現代語訳は二九ページを参照）

あざやかな色彩〈五色〉や妙なる音楽〈五音〉、そして美味なるご馳走〈五味〉や、楽しい行楽〈馳騁田猟〉は、私たち人間の目や耳、ひいては、その心を奪うものです。しかし、それらはあくまでも刹那的なものであり、結局は、〈盲〉〈聾〉〈爽〉等の憂き目に合うのです。

そこで〈聖人〉は、それらに〈目〉を向けず、むしろその〈腹を為す〉のです。この〈腹を為す〉という腹式呼吸を基本とする身体的鍛錬こそ、まさに哲学的実践としての、いわゆる〝修行〟そのものの表現なのでした。およそいかなる形式のものであれ、修行の基本は腹式呼吸であると考えられるからです。そして、その呼吸法を訓練して、老子の言葉で〈気を専《もっぱ》らにし〉（第一〇章）と言うところの〈気〉を、いわゆる〝臍下丹田《せいかたんでん》〟を中心にして練り上げるのです。これは、座禅やヨーガをはじめとして、あらゆる芸道・武術などにおける修行に共通の、いわば〝修行の基本〟なのでした。

このような修行を通して、私たちは日常的な現象の世界における〝相対〟のワク組みから逃れて、時間と空間の制約のない、そしてまた主体と客体がしっくりと合一した〈道〉の世界を実現するのです。

理性ではとらえられない〈道〉

続いて、時空という課題に沿って、老子の言葉をもういちど見直してゆくことにしましょう。

之《これ》を視《み》れども見えず。名づけて夷《い》という。之を聴けども聞こえず。名づけて希《き》という。之を摶《とら》うれども得ず。名づけて微《び》という。此《これ》ら三者は、致詰《ちきつ》するべからず。故《ゆえ》に混《こん》じて一となる。その上も皦《あきらか》ならず。その下も昧《くら》からず。縄縄《じょうじょう》として名づくべからず。無物に復帰す。是《こ》れを無状の状、無物の象《しょう》という。是れを惚恍《こっこう》という。……

（『老子』第一四章）

（現代語訳は五七ページを参照）

ここにおいて、〈之《これ》を視《み》れども見えず〉とか〈之を聴けども聞こえず〉等と言われるのは、確かに〈道〉が、この日常的な現象の世界を超えていることの記述ではありますが、むしろそれが「視聴覚」という感覚を成り立たせているワク組み、すなわち時空の網目を超え出しているものとしてとらえられていることに、ここでは注意すべきでしょう。〈道〉は、日常的な感覚のはたらきによってもたらされる〝知〟の一種ではなく、直感と悟性によっていとなまれる理性的な認識の世界の外側に、つまり時空を超えて存在する〝あるもの〟の謂いなのです。それゆえにこそ、〈無物に復帰す〉と言われ、さらに〈無状の状〉〈無物の象〉と言われるのです。老子の〈道〉の超越性について、それが時空というワク組みにおける理性的な思索の流れの中でひとつの〝知〟として像を結ぶことのない、ある種の直接的に体認すべき実在であることを、如実に物語る記述であると言えるでしょう。

〈道〉について、老子はまた次のようにも言っています。

道の物《もの》たる、これ恍《こう》これ惚《こつ》たり。惚たり恍たり、その中に象《しょう》あり。恍たり惚たり、その中に物あり。窈《よう》たり冥《めい》たり、その中に精《せい》あり。その精はなはだ真《しん》なり。その中に信《しん》あり。古《いにしえ》より今に及ぶまで、その名は去らず。以《もっ》て衆甫《しゅうほ》を閲《み》る。吾《われ》何を以て衆甫の然《しか》るを知るや。此《これ》を以てなり。

（『老子』第二一章）

（現代語訳は五八ページを参照）

日常的な経験世界における〈物〉としての〈道〉、それは〈恍惚《こうこつ》〉〈窈冥《ようめい》〉として見定めがたいものではあるが、たしかに〈象《すがた》〉〈物《からだ》〉を持ち、〈精《いのち》〉があり、しかもその〈精〉が純真で、それゆえに〈信《まこと》〉なる存在――すなわち、その〈道〉を体現して、今ここに実在する〈道《わたし》〉自身――である、と言うのです。

したがってまた、老子の

人を知る者は智《ち》あるも、みずから知る者こそ明《めい》なり。

（『老子』第三三章）

（現代語訳は四ページを参照）

という発言は、単なる自省の表現ではなく、身体的な鍛錬を通じて、みずからの意識の奥底に真実の自己としての〈道〉を体現して、人間存在のなんたるかを〈知る〉明智を指摘する記述であったと考えられるのです。老子にとって修行とは、全き自己、つまり〈道〉の体現に通ずる哲学的実践であったのです。

以上、見てきたように、老子のいわゆる〈道〉とは、理性的思惟の次元で〈知〉的にとらえるべきものではなく、むしろ、私たちみずからが、それぞれの〈道〉になってはじめて的確に理解しうるものなのです。そうしてこそ、私たちはそれぞれが〈道〉として真実に生きることができるとされるのでした。

主客一体の世界

老子によれば、みずから〈道〉を体現した私たちひとりひとりが、とりもなおさず現実に存在する〈道〉なのであり、その〈道〉たる〝私〟たち自身が、みずからの〈徳〉を修めて〈天下〉となり、〈天下〉を体認するに至る、と言うのでした。つまり、〝存在〟としての〈道〉とは、今そしてここにみずからを深め、真の自己に開眼して〈道〉として実在する〝私《わたし》〟自身――〈道〉――なのであり、その〝存在〟としての意味内容――たとえば〝技〟あるいは〝力〟等――が、いわゆる〈徳〉と言われるものなのです（六〇～六一ページ、『老子』第五四章を参照）。

このように、老子においては、みずからの意識の深層に参入する修行の体験を通じて〈道〉の世界を切り開くことそれ自体は、決して最終的な目標ではありませんでした。むしろ、その〈道〉の真実を、この〝私〟自身において体現し――それが、いわゆる〈徳〉です――さらにこの〈徳〉を修め拡充して、みずから〈天下〉となって〈天下〉を体認し、みずからを成就する――すなわち〈その私《わたくし》を為す〉（第七章）――ことこそが、実践的な〝修行〟を背景に展開された、老子の哲学的思惟の体系の本旨であった、と考えられるのです。

ここにおいて、〈道〉として実在する〝私〟たちは、すなわち〈天下〉――つまりこの〝世界全体〟――なのです。そこでは時空は全く撥無《はちむ》（禅の言葉で、迷いや煩悩などをサーッと一掃することです）され、主客はまどかに融合しています。老子において、真実の〝私〟たちは、〈道〉として時空の制約のない全き自由な世界の中に、主客一体となって自己を体現するのでした。

時空の桎梏を超えて

以上、見てきたとおり、老子の思想において時空は、逆説的な意味で、きわめて重要なキーポイントをなす認識論的要件でした。ところが、この時空を超えて、真実なる〈道〉の世界を体現しつつ、翻って、それを言葉の次元で記述しようとすると、再び時空の桎梏《しっこく》に絡み付かれ、真実の息吹がかき消されてしまうのです。そこでせめて〈無物に復帰す〉（第一四章）と、永遠・無限の――

つまり、時空のワク組みを超えた――〈道〉のあり方が隠喩的に表現され、あるいはまた、〈物あり混成《こんせい》し、天地に先立ちて生《しょう》ず〉（第二五章）と、日常的な時空の限界概念である〈天地〉の領域を超え出でていることを主張するのでした。

日常的な言葉の世界を超えつつ、それでいてその世界の中でしか〈道〉を語ることができない。まさに〈道〉の本質に根差す存在論的ジレンマであると言えましょう。老子の〈道の道とすべきは、常《つね》の道に非《あら》ず〉（第一章）という言葉は、単なる反語表現ではありません。むしろ彼の切実なる真実の叫びだったのです。

しばしば「中国の哲学思想は、実践的・現実的である」と言われます。しかし、それは決して、中国の哲学思想が、単なる日常的な処世訓に収斂《しゅうれん》されるものであるという意味ではなく、以上に垣間見たとおり、身体的な鍛錬という実践を背景として、みずから現実にこの〈道〉を体現して、それを生きることに直結する、という脈絡においてこそ、そう言われるべきであると思われるのです。まさにその意味でこそ、老子の哲学的思惟は、中国哲学の一典型であったと思われるのです。

3 荘子の時空観

さて、老子と同様に、荘子もまた、時空を遥かに超えた、意識の深層領域において、〈万物斉同〉の〈道〉をみずから実践的に体現することを通じて、人間存在の真理と〝世界〟の真相を追究しました。そこにはまた、彼らに共通した、一種独特の時空観があったのです。続いては、荘子の時空観と世界観を垣間見てゆきたいと思います。

理性の運命

荘子の哲学的思惟の脈絡における〝時空〟の特質を、今その思想そのものを顧みつつ、明らかにしてゆきたいと思います。そこで、荘子の哲学思想の最も基盤をなす次元を顧みてみますと、そこには老子と同様の、いわゆる〝相対観〟の考え方が見受けられました。すなわち、荘子はその哲学的思惟の根底において、鋭くかつ真摯に、私たちみずからの〝知〟を反省したのでした。そして、荘子もやはり老子と同様に、私たち人間の理性的な思惟の次元における、直感と悟性によって繰り広げられる認識の形態は、つねに〝上下〟や〝前後〟といった〝相対〟のワク組みに依存することによってのみ成り立ちうるものであり、それゆえ、私たち人間は――理性的思惟の次元に留《とど》まる限り――なんらの真実をも、決して認識することができない、と言うのでした。それは、〝理性の運命〟とも言うべき、私たち人間の理性的認識の限界を、きわめて端的に指摘する考え方であったのです。

たとえば、〈我〉という認識の主体とその認識の能力について、荘子は次のように述べています。

■彼《かれ》に非《あら》ざれば我《われ》なく、我に非ざれば、取る所なし。

（『荘子』「斉物論篇」）

（現代語訳は一〇〇ページを参照）

〈我〉という認識の主体の可能性は、〈彼〉という、時間的にも空間的にも相対的な存在によって本質的に制約されています。したがって、〈我〉―〈彼〉という存在系列における〈我〉は、決して絶対普遍の認識の主体とはなりえません。それにもかかわらず、この〈我〉を離れて、私たち人間の〝知る〟はたらき、すなわち〝認識〟――荘子のいわゆる〈取る所〉――は成立しえないのです。そこで必然的に、私たち人間の理性的な思惟のはたらきによってもたらされる〝知〟は、すべてこれ相対的なものである――絶対普遍なものではない――ということになるのです。いわゆる〝相対観〟を、認識論的な理論の形式において、きわめて端的に記述する一句であると考えられる荘子の言葉です。

かくして、荘子においては、私たち人間の理性的思惟の次元における認識のいとなみは、決してなんらの真実をも把握することができない、とされるのでした。

荘子の〈道〉の境地

そうしますと、私たちはいったいいかにしてこの相対観を克服し、私たち人間の真実に根差す、人間存在に普遍的な真理――荘子のいわゆる〈万物斉同〉の〈道〉――に至ることができるのでしょうか。このことについての、荘子によるひとつの典型的な回答が、〈南郭子綦《なんかくしき》〉という修行者についての、次のような記述でした。

南郭子綦《なんかくしき》、几《き》に隠《よ》りて坐《ざ》し、天を仰いで嘘《いき》す。嗒焉《とうえん》としてそれ耦《ぐう》を喪《わす》るるに似たり。顔成子游《がんせいしゆう》、前に立侍《りつじ》して、曰《いわ》く、何居《なん》ぞや、形《かたち》は固《もとよ》り槁木《こうぼく》の如《ごと》くならしむべく、心は固り死灰《しかい》の如くならしむべきか。今の几に隠る者は、昔の几に隠る者に非《あらざ》るなり、と。子綦曰く、偃《えん》よ、また善《よ》からずや、而《なんじ》の之《これ》を問うこと。今、吾《われ》は我《われ》を喪《わす》る。汝之《なんじこれ》を知るか。汝は人籟《じんらい》を聞くも、未《いま》だ地籟《ちらい》を聞かず。汝は地籟を聞くも、未だ天籟《てんらい》を聞かざるなり、と。

（『荘子』「斉物論篇」）

（現代語訳は一〇四ページを参照）

これこそ、一種の身体的鍛錬——すなわち、ひとつの哲学的実践としての〝修行〟——を通じて、おのが理性的思惟の脈絡を超えて、みずから意識の深層領域に参入し、そこにおいて、荘子のいわゆる〈万物斉同〉の〈道〉の世界に〈逍遥遊《しょうようゆう》〉する修行者の姿です。さらに、そのような修行の果てに切り開かれる世界を、荘子はまた次のように描写しています。

天下に、秋毫《しゅうごう》（毫）の末《すえ》よりも大なるはなく、而《しか》も大山《たいざん》を小なりと為《な》す。殤子《しょうし》よりも寿《じゅ》なるはなく、而も彭祖《ほうそ》を夭《よう》なりと為す。天地と我と並び生《しょう》じて、万物と我と一たり。

（『荘子』「斉物論篇」）

この天下《せかい》の中で、秋に生え変わる動物の産毛《うぶげ》の先より大きいものはなく、しかも大山を小さいと認識する。生まれて間もなく死んでしまった赤子より長寿であるものはなく、しかも（七百歳まで生きたと言われる）彭祖という仙人を若死にであると見なす。天地も私と同体であり、万物も私と一体である。

ここでは、〈大〉〈小〉という空間的な広がりと共に、〈寿《じゅ》〉〈夭《よう》〉という時間的な広がりをも撥無するかのごとくに超越した世界が描かれています。そして、ここにおいて〈天地〉〈万物〉と一体となった〈我〉こそ、いわゆる〈万物斉同〉の境地を切り開き、そこに〈逍遥遊〉して、人間存在に普遍の〈道〉を体現する荘子の姿そのものであったと思われるのです。まさにこのような境地こそが、確固とした認識論的思惟に裏付けられつつ、その全人格を賭して行なわれる、荘子の哲学的実践の真骨頂なのでした。

かくして荘子は、時空というワク組みを遥かに超えた、いわゆる〈無窮《むきゅう》〉(『荘子』「斉物論篇」)の〈道〉の世界の住人であったのです。それでは、この時間を超え空間を超えた〝世界〟とは、理論的な〝知〟の脈絡において、さらには世界観として、いったいいかなるものであったのでしょうか。また、そこにおける荘子の〈道〉の哲学的意義は、時空の観点から見て、いったいいかなる意味を持つものだったのでしょうか。さらに考察を進めてゆきたいと思います。

荘子の〈道〉と時空

ここまで繰り返し述べてきましたように、そもそも時空というものが、私たちの認識のワク組みとして、私たち人間の理性的認識——すなわち、直感と悟性によって実行される存在判断——を成り立たせる本質的な要件であると考えられる限り、それなくして、私たち人間の日常的な認識は成立しえないのです。そればかりか、この時空のワク組みなくしては、私たち人間の日常的経験それ自体が成立しえなくなってしまうでしょう。そこで、この〝時空の世界〟の中において、さまざまな思索が発生し、人間存在そのものの、そしてこの〝世界〟全体のあり方が、理論的に分析され、整合的に構成されてゆくのです。

ところが、その〝理論〟は一向に決定版の出現を見ないまま、幾度も構築され続けてゆくのです。それは、いくら懸命に努めたところで、決して完結することのない、あのシジュポスの苦悩のごとき堂々めぐりを繰り返す、いわば永遠の責め苦なのです。私たち人間の理性的な認識が、常に時空という〝相対〟のワク組みの中でいとなまれる、まさにそのために、結局のところ、みずからの理論によって〝絶対普遍〟たるべし、と措定された〝真理〟に到達することができないからなのです。

要するに、この時空とは、私たち人間の理性的な認識のいとなみにおける〝相対〟のワク組みの〝ワク〟そのものなのです。〝時空〟がなければ、私たち人間の日常的な〝知〟は成り立ちませんが、それと同時に、この〝ワク〟は、私たち人間を〝真なるもの〟から隔絶する、自縛の鎖でもあったのです。それが、先にいささか垣間見た、

━ 彼《かれ》に非《あら》ざれば我《われ》なし。我に非ざれば取る所なし。

（『荘子』「斉物論篇」）

という荘子の発言に込められた、人間存在のいかんともしがたい〝存在のジレンマ〟なのでした。

そこで荘子は、この〝ワク〟を離れて、真なる〈道〉を彼みずから実践的に直覚し、それを体現しようとします。つまり、時空という相対のワク組みの、その〝ワク〟そのものを超越した先に、人間存在に普遍の真理を体得しようとするのです。言うまでもなく、そこには筆舌に尽くしがたい峻厳《しゅんげん》な〝修行〟としての哲学的実践があり、またそこに至るまでの哲学的思惟にも、きわめて透徹した深化があってこその〝時空の超克〟であったことと思われます。そして荘子は、ものの見事にそれらの課題を乗り越えて、ついに時空の桎梏を解き放ち、みずから真なる〈道〉の世界を切り開いて、〈万物斉同〉の境地を体現し、そこに真の意味での自由――〈逍遥遊〉――を実現したのでした。これこそが、〝時空〟という認識論上の、すなわち私たちの知的いとなみの一大キーポイントを明確にすることによって、はじめて的確に指摘することができる、荘子の〈道〉の哲学思想の一大特質であったと考えられるのです。

かくして、荘子の哲学的思惟の脈絡において、〝時空〟は、逆説的な意味で、非常に重大な意義を有する、一大要件であったと思われるのです。すなわち、荘子において〝時空〟とは、これを乗り越えてこそ、あるべき真実の〈道〉の世界が開現されるという――言い換えれば、〈万物斉同〉の〈道〉の世界が体現される過程において、つまり、人間存在に普遍な真理としての〈道〉が明らかにされるに従って、結果的に解消されるべき――逆説的な意味での〝知〟の要訣《ようけつ》（かなめ）なのでした。時空という、目には見えませんが、それでいて私たちの〝知〟を縛り付ける桎梏を超えたその彼方に、真実の〈道〉の世界が顕現するのでした。

〈道〉を語ることの矛盾

ところが、すでにいささか指摘したとおり、この〈道〉の世界の実際を、理性的な〝知〟の次元で、言葉によって理論的に説明してゆくためには、荘子の本旨とは裏腹に、全く不本意ながら、これを時空の形式――すなわち、あの〝相対のワク組み〟――の中に引き戻して、あらためて、そのワク組みの中で構成しなおさなければならないのでした。つまり、いったんは乗り越えたはずの〝時空〟のワク組みが、言葉の世界の中で再び出現してくるのです。そこで、次のような、明確に時空を意識した記述が残されるに至ったのだと考えられるのです。

それ道は情あり信あるも、無為無形《むいむけい》、……太極《たいきょく》の先に在《あ》りて高しと為《な》さず、六極《りっきょく》の下に在りて深しと為さず。天地に先だちて生《しょう》じて久《ひさ》しと為さず、上古《じょうこ》より長《ちょう》じて老いたりと為さず。

（『荘子』「大宗師篇」）

そもそも〈道〉には〈情〉（実情）があり、なんらかの〝形〟としての〈信〉（信験、手ごたえ）があるが、それでもやはり、この〈道〉は〈無為〉であり〈無形〉である。……天の最高位である〈太極〉の上にあっても高いとは見なされず、地の果ての〈六極〉の下にあっても深いとは思われない。天地より以前に生じていて、しかも長久だとは思われず、上古より永《なが》らえてきて、それでいて古いとは感じさせない。

ここにおいて、存在としては〈無〉である〈道〉——すなわち、〈万物斉同〉の〈道〉——は、この日常的現象世界を、〈太極《たいきょく》の先に在《あ》りて高しと為《な》さず、……〉と空間的にはもとより、〈天地に先だちて生《しょう》じて久《ひさ》しと為さず、……〉と時間的にも全く超越した、文字どおり〈無〉なる存在であることが、しかし時空のワク組みに全面的に依存しながら記述されています。時空という相対のワク組みを超克して、〈道〉の世界を体現しながら、それでもなお、その時空というワク組みの中でしか、これを記述して説明することができない。言葉というものが、〝時空〟の中でしか意味を持ちえないものだからです。この点こそが、すでにいささか触れたとおり、荘子の哲学的思惟が内包する最大のジレンマ、つまり〝言葉〟で語られた〈万物斉同〉の〈道〉の矛盾点であったと思われるのです。それゆえ、〈予《われ》こころみに女《なんじ》の為《ため》に之《これ》を妄言《もうげん》せん。女以《もっ》て之を妄聴《もうちょう》せよ〉（『荘子』「斉物論篇」）という荘子の発言は、荘子のこの〝理性の運命〟とも言うべきジレンマを、きわめて切実に物語るものであったと考えられるのです。

〈道〉の世界の崩壊

このことは、次に引く、いわゆる〝渾沌《こんとん》神話〟において、最も典型的に表現されていると思われます。この渾沌神話については、のちほど改めて神話学的に解析することになりますので、ここでは、主に〝時空〟の観点から考えてみたいと思います。

> 南海の帝《てい》を儵《しゅく》と為《な》す。北海の帝を忽《こつ》と為す。中央の帝を渾沌《こんとん》と為す。儵と忽と、時に相《あい》ともに渾沌の地に遇《あ》う。渾沌の之《これ》を待《たい》すること甚《はなは》だ善《よ》し。儵と忽と、渾沌の徳に報《むく》いんことを謀《はか》りて曰《いわ》く、人みな七竅《しちきょう》あり。以《もっ》て視聴食息《しちょうしょくそく》す。此《これ》ひとりあることなし。こころみに之を鑿《うが》たん、と。日に一竅《いっきょう》を鑿つ。七日にして渾沌死せり。
>
> （『荘子』「応帝王篇《おうていおう》」）

南海の帝を儵といい、北海の帝を忽といい、中央の帝を渾沌という。儵と忽とはよく中央の渾沌の領地で出会うことがあった。そんなとき、そこの主人の渾沌が、彼らをとてもよくもてなしてあげたので、儵と忽とはそんな渾沌の恩にお返しをしようと相談し合って言った。「人にはだれでも七つの穴（目・耳・鼻・口）があって、これでものを見たり聴いたり、食べたり息をしたりしているのに、彼だけは（のっぺらぼうで）、それらがない。ひとつ彼にその七つの穴を開けてやろうではないか」と。そこで一日にひとつずつ穴を開けていったところ、七日目に渾沌は死んでしまった。

ここにおいて、〈渾沌《こんとん》〉とは、時空はもとより、日常的な経験世界における一切の拘束から解放されて、無限に広がる〈万物斉同〉の世界の象徴的表現であると考えられます。それは、すでに再三にわたって指摘してきたとおり、実際に〝修行〟を積み、みずからこれを体現すべき境地であり、理性的な思惟の次元で理論的に想定された、単なる理想郷では決してないのです。ところがいかなることか、この境地を〈渾沌〉と名づけたまではよかったのですが、すでに引用文の冒頭部分において、これを南の〈儵《しゅく》〉および北の〈忽《こつ》〉と並べて〈中央〉に位置づけます。つまり、早くも言葉の世界の中で——それが、言葉のはたらきの本性上、いたしかたのないことながら——この〈渾沌〉が、空間のワク組みによって規定されてしまうのです。そして、さらにまたいっそう重要なことに、〝一瞬間〟という時間を寓意する〈儵《しゅく》〉と〈忽《こつ》〉の〈日に一竅《いっきょう》を鑿《うが》つ〉という、まさに〝時間〟によって分節され、構成される、いわば〝時間的行為〟が、荘子のこの境地を時間のワク組みによって縛りつけるのです。それと同時に、存在論的な観点、つまり、私たちの〝知〟の内容としての〝存在〟を論ずる観点からすれば、本来主体もなければ客体もなく、主客がピタリと一体となって〈道〉として存在する、この〈道〉の世界に〈待《もてなし》〉—〈報《おかえし》〉という主客の範疇・区別が持ち込まれ、その主体と客体が分離されてしまいます。

遥かに時空を超え、主客が一体となった、全き自由な無限の世界——この〈渾沌〉たる荘子の世界——は、本来ならば理性的な思惟の次元で、日常的な言葉を媒介（仲立ち）として記述し表現することができないものです。それればかりか、もし無理に、強いてこれを〝言葉〟という理性の〝武器〟でもって割り切って言い表そうとしたならば、結局のところ、その世界そのものの崩壊をもたらすに至るのです。時空のワク組みの中で縛りつけられ、主客がバラバラに切り離されて、荘子のこの〈万物斉同〉の〈道〉の世界は、音をたてて崩れ去っていったのです。

いったんは時空という桎梏を、自己の奥底において超え出ていながら、時空という相対の形式がワク組みとなって織りなす、仮象の相対的世界に引き戻されて苦悩する荘子の姿は、そっくりそのまま、人間存在の本質に根差す、いわば〝存在の苦悩〟を典型的に表象するものであった、と言えるのではないでしょうか。

4　荘子の弟子たち

無限の観念の導入

以上のように、荘子の残した数々の文章は、彼の実践哲学的な、いわば〝世界実現〟の記述であり、決してこの日常的な世界の〝相対観〟を理屈で理論的に割り切って考え、説明してゆこうとするものではありませんでした。

ところが、じつは、日常的な世界の〝相対観〟も、〝無限〟という考え方を使えば、理屈で簡単に乗り越えることができるのです。現に、荘子の弟子たちは、荘子のこの実践的な〈万物斉同〉の〈道〉の世界を、あさはかにも、この〝無限〟の観念を用いて、いとも簡単に説明してしまって、分かったような――じつは全くもって分かってないのですが――ことを言っています。

こういった事態は、実際のところ、分からないでいるよりも、なおタチが悪いのです。ものごとの本質を少しも分かっていないのに、単なる理屈と皮相な知識があるだけで、分かったようなつもりになって、いよいよその本質から離れてしまう。それでいて当人は〝分かった〟つもりになっている。その結果、その当人ばかりか、その周りの人々にまで〝一知半解〟の被害をもたらす。遺憾なことだと思います。荘子の弟子たちの中の幾人かの人々が、残念ながらこれをやっているのです。

つまり、荘子の弟子たちの中で、本当は実践的な荘子の〈万物斉同〉の〈道〉の世界を、〝無限〟の観念を導入することによって理屈で説明してしまった人たちの言い方はこうです。五センチの線分Aと一〇センチの線分Bとは、互いに比較することによって、線分Aは短くて線分Bは長い、と判断することができますが、ここでさらに一五センチの線分Cが出現すると、どうでしょうか。線分Bはこんどはこの線分Cと比べると〝短い〟ということになってしまいます。結果的にこの線分Bは、〝長くて短い〟ということになってしまい、ここに至って、いわゆる相対観の典型的な一形態を呈することになるわけです。この先、何本の線分が増えようと、事態は全く変わりません。すべての線分は〝長くて短い〟のです。

ところが、ここでその比較の対象として、あらたに無限の長さの直線Zを導入してみましょう。すると、どうでしょうか。どんなに長かろうと線分はしょせん線分で、有限のものです。したがって、どんな線分であれ、それをこの〝無限のZ〟と比べてみれば、ほとんど無いに等しい。少なく

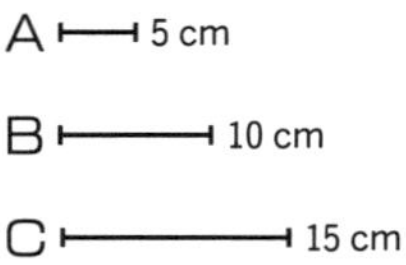

Bは、Aと比べると ──→ 長い
しかし
Bは、Cと比べると ──→ 短い
したがって
Bは、同時に長くて短い

ところが、これを無限のZと比べたら

AもBもCも、ほとんど0《ゼロ》に等しい ──→ みなほとんど同じ
＝理屈の〈万物斉同〉

とも何センチ長いとか、何メートル短いなどということは、ほとんど意味がなくなってしまいます。なにしろ相手は〝無限〟なのですから。

そうすると結局、どんな線分も、〝無限〟に比べればみな等しい、少なくともほとんど等しい、ということになり、これを世の中のいろいろなものごとにあてはめてゆけば、相対的な差異というのは無限に比べれば無意味だということになって、なんだか〈万物斉同〉のリクツが分かったような気になってしまうのです（おそらくこういった理屈は、当時の論理学派である〝名家〟の恵施《けいし》の理論に感化されたものでしょう）。

時間・空間の無限化

これと同じことを、荘子の弟子たちは、愚かにもやっているのです。次に引くのは、『荘子』の中でも、そのような弟子たちが書いたと思われる文章です。

それ物量《ぶつりょう》は無窮《むきゅう》、時は止《とど》まることなし。……是《こ》の故《ゆえ》に大知《だいち》は遠近を観《み》る。故に小なるも寡《すく》なしとせず、大なるも多しとせず。量の窮《きわま》りなきを知ればなり。今故《きんこ》を証嚮《しょうきょう》す。故に遥《はる》かなるも悶《もん》とせず、掇《みじか》きも跂《き》せず。時の止まることなきを知ればなり。（『荘子』「秋水篇」）

そもそも物の量に限りはなく、時間も無限である。……それゆえに、大いなる〝知〟を持つ者は〝遠近〟（という空間的広がりの実際・真実）を見て取る。だから、小さいからといって少ないとは思わないし、大きいからといって多いとは思わない。物の分量には限りがない、とわきまえていればこそのことである。また〈今故〉（今—昔という時間的広がりの実際）を明らかにする。だから、長久の時間にもうんざりせず、時間がないからといってあせらない。時間が無限であることを知っているからである。

このように、本来実践的であるべき荘子の〈万物斉同〉の世界が、恵施流の、きわめて皮相な理屈のみによって一知半解されているのです。すなわち、本来峻厳な〝修行〟の過程を経て、みずから体現すべき〈万物斉同〉の世界が、ここにおいては、〈それ物量《ぶつりょう》は無窮《むきゅう》、時は止《とど》まることなし〉というように、時間と空間という認識のワク組みに〝無限〟の観念を導入して、〈遠近〉とか〈今故〉といった時間と空間の相対性を解消することによって、つまり時間・空間を無限に引き伸ばして、その相対差別を消し去ってしまうことによって、結果として――あくまでも理論的に、ですが――きわめて明確に説明し尽くされているのです。

ところが、それは、あくまでも時間と空間という認識のワク組みにおいて、その、いわば〝変数〟であるところの時間的・空間的広がりを無限大においた場合を想定しての理論的操作、つまり、単なる〝理屈〟にすぎないのです。それは、哲学的な考察を基礎に、みずから〝修行〟を積んで、この相対的な時間と空間のワクを超克し、そこに真なる〈道〉の世界を体現しようという態度とは、全く別の次元に属するものであったと思われるのです。

運命への随順

このような哲学的思惟は、要するに、理性的な思惟の流れにおいて、この現象的な世界を、ひとつの経験的に与えられる〝知〟として、時間と空間のワク組みの内に表象し、これを分析してゆこうとするもの、すなわち、この現象世界の理論的解釈を主とする考え方であったと思われます。果たせるかな、先に引いた一文の後には、続けて次のような記述が見られるのです。

万物一斉《ばんぶついっせい》、孰《いず》れを短しとし孰れを長しとせん。道は終始《しゅうし》なく、物には死生《しせい》あり。その成《な》るを恃《たの》まず。一虚一満《いっきょいちまん》して、その形《かたち》に位《くらい》せず。年は挙《ふさ》ぐべからず、時は止《とど》むべからず。消息盈虚《しょうそくえいきょ》、終われば則《すなわ》ちまた始まる。……物の生《しょう》ずるや、驟《は》するが若《ごと》く馳《か》くるが若し。動くとして変ぜざるなく、時として移らざるなし。何をか為《な》し、何をか為さざらん。それ固《もとよ》り将《まさ》に自《おのず》から化《か》せんとす。

（『荘子』「秋水篇」）

万物はすべて斉《ひと》しい。短いもなければ長いもない。〈道〉は無限であり、（日常的な）物は有限である。だから物事の完成を当てにしない。あるいは欠け、あるいは満ちて、ある一定の形に定まらない。年は留《とど》まることを知らず、時も止められない。ものごとの推移は留まることなく、終わればまた始まり、永遠に続いてゆく。……ものごとが生じてくるのは、素早く駆け抜けるがごとく動き変化して、一瞬たりとも留まるものとてない。（このような無限の時空の中で）なにをあくせくしているのだろうか？　すべてはおのずから変化しているのに。

ここに〈万物一斉《ばんぶついっせい》〉と言われるのも、荘子自身の本旨とは全く別のものです。それは、〈終始〉のない〈自化〉（自《おのず》から化《か》す）の〈道〉――すなわち、現象世界の自然の運行――の、〈消息盈虚《しょうそくえいきょ》、終われば則《すなわ》ちまた始まる〉という無限の循環運動を理論的な根拠として、まさに〝頭の中〟だけで主張される、ひとつの理屈としての、日常的な経験世界の理論的解釈にしかすぎないのです。

されればこそ、そのような、単なる自然の運行としての〈自化〉――自然に変化する――の世界において、ただひたすら〈何をか為し、何をか為《な》さざらん〉と、全く理屈の上だけでの〝運命への随順〟が主張されているのです。その上で、さらに文章は続きます。

> 孔《こう》子《し》匡《きょう》に遊ぶ。宋人《そうひと》の之《これ》を囲《かこ》むこと数匝《すうそう》、……孔子曰《いわ》く、……我《われ》は窮《きゅう》を諱《い》むこと久《ひさ》し、而《しか》も免《まぬか》れざるは命《めい》なり。通《つう》を求むること久し、而も得《え》ざるは時なり。……時勢の適々然《たまたましか》る、吾《わ》が命《めい》は制《せい》せらるる所あるなり、と。（『荘子』「秋水篇」）

孔子が宋の国の匡の地に遊説しに来たとき、（盗賊の一団とまちがえられて）宋の人々に包囲されてしまった。……孔子が言った。「……私は長いこと困窮を避けてきた。それにもかかわらず、こうして災難に遭うのは運命というものだ。また、永きにわたって願いが通ずることを求めてきた。それなのに得られないのは時勢というものだ。……時勢がたまたまこうなのだ。私の運命もこれまでだ」と。

ここでは、危難に遭って全くなすすべもなく、ただ〈吾《わ》が命《めい》は制《せい》せらるる所あるなり〉と、おのが運命の苛酷さに打ちひしがれて途方に暮れる孔子の姿が記述されています。しかしこれは、実際のところ、単なる観念上の〝無限〟によって理屈を述べたてるだけで、〝運命〟のなんたるかも理解しえず、ただ空虚な議論を繰り返すだけの彼ら――荘子の弟子たち――自身の姿であったと思われるのです。

『荘子』の作者

もともとこの一文は、ここには引用しませんでしたが、〈秋水《しゅうすい》、時に至《いた》り、百川《ひゃくせん》は河《か》に灌《そそ》ぐ〉で始まり、〈道を以《もっ》て之《これ》を観《み》れば、何をか貴《たっと》び何をか賤《いや》しまん〉と説き至り、ついに〈万物一斉《ばんぶついっせい》、孰《いず》れを短しとし孰れを長しとせん〉と〈万物斉同〉の〈道〉のあり方を滔々《とうとう》と語るという、『荘子』一書の中でも、特に名文の誉れ高い一節ではあります。

しかしほどなく〈年は挙《ふさ》ぐべからず、時は止《とど》むべからず〉と馬脚をあらわすのです。つまり〝無限〟の観念が持ち込まれるのです。しかもそれは〈消息盈虚《しょうそくえいきょ》、終われば則《すなわ》ちまた始まる〉と、日常的な自然現象、より具体的に言えば太陽や月の天空における運行や変化の〝循環〟のありさまになぞらえて語られ、しかもその上、この引用の後で〈是《こ》れ大義《たいぎ》の方《ほう》を語り、万物《ばんぶつ》の理《り》を論ずる所以《ゆえん》なり〉（これこそ、大いなる正義の一面と万物の〝ことわり〟を論ずるやり方なのである）と、みずからこれを理屈の上での論証であると認めるに至るのです。

言ってみれば、〝羊頭狗肉《ようとうくにく》〟、というところでしょうか。あれほどの名文でもって綴られ、〈万物斉同〉の〈道〉の世界を見事に描写するかに見えたこの一文も、つまるところ、単なる小手先の理屈にすぎなかったのです。これではいけません。そんなことでは、私たちの現実の〝生〟に対して、何の意味もないからです。

ついでに言えば、このようにして、『荘子』の各文章の作者が、荘子本人かそれともその弟子たちなのか、ということもきわめて明確に見分けがつくということが、よく分かっていただけたことでしょう。いちばん大切な思想の核心を明確にとらえておくことが、やはり本を読むときの基本中の基本なのではないでしょうか。

ところで、荘子の弟子たちのこのような知的な理屈によって繰り広げられる思惟、およびそれに基づく世界観は、じつは荀子《じゅんし》のそれと、奇妙な一致を見せるものであったと考えられるのです。そこで、荘子の弟子たち、さらには荘子自身の思想における時空のあり方を、さらに明確に浮き彫りにするために、次に荀子の思想、特にその時空観を垣間見てみたいと思います。

5 荀子の時空観

体系的な〈礼〉の世界

まず荀子がこの現象世界をどのようなものとしてとらえていたか、という問題について考えてみたいと思います。荀子は次のように言います。

> 類《るい》を以《もっ》て雑《ざつ》を行ない、一を以て万を行なう。始まれば則《すなわ》ち終わり、終われば則ち始まり、環《かん》の端《たん》なきが若《ごと》し。……天地は生の始めなり。礼儀は治《ち》の始めなり。君子は礼儀の始めなり……君臣・父子・兄弟・夫婦、始まれば則ち終わり、終われば則ち始まり、天地と理を同じくし、万《ばん》世《せい》と久しきを同じくす。それ是之《これこれ》を大本《だいほん》と謂《い》う。故《ゆえ》に喪祭《そうさい》・朝聘《ちょうへい》・師旅《しりょ》は一なり。貴賤《きせん》・殺《さつ》生《せい》・与奪《よだつ》は一なり。
>
> （『荀子』「王制篇《おうせいへん》」）

事物を分類することによって、さまざまな現象（カントのいわゆる〝現象の雑多〟）を整理し、ひとつの法則で万物を片付ける。（この世のすべては）始まれば終わり、終わればまた始まる。終わりのない円環のようなものである。……天地自然は生命の根源であり、礼儀は治世のもとであり、君子は礼儀の創始者である。……君臣・父子・兄弟・夫婦も、始まれば終わり、終わればまた始まり、天地自然と原理を同じくし、何世にもわたってこれを久しくする。これを〈大本《だいほん》〉という。だから、喪祭・朝聘（外交）・師旅（軍隊）も、その原理は一つであり、貴賤・殺生・与奪も、その基本は同じである。

このように、荀子はこの日常的世界におけるすべての現象を、人事・自然を問わず、それぞれに固有の原因─結果を無限に循環して生成消滅を繰り返す連鎖的な形態として、きわめて理論的に認識し図式化してとらえているのです。さらに荀子は、この理論的な考え方に基づく世界は、〈礼〉によって整合的に体系づけられるものであると主張します。

将《まさ》に先王《せんのう》に原《もと》づき、仁義に本《もと》づかんとすれば、則《すなわ》ち礼は正《まさ》にその経緯《けいい》蹊径《けいけい》なり。

（『荀子』「勧学《かんがく》篇」）

先王に基づき、仁義に基づこうと思ったら、礼こそまさにその根幹である。

礼なる者は、治弁《ちべん》の極《きょく》なり、強国《きょうこく》の本《もと》なり。威行《いこう》の道なり、巧名《こうめい》の総《そう》なり。王公《おうこう》の之《これ》に由《よ》るは、天下を得る所以《ゆえん》にして、由らざるは、社稷《しゃしょく》を隕《こぼ》つ所以なり。……その道に由れば則《すなわ》ち行なわれ、其の道に由らざれば則ち廃す。

（『荀子』「議兵篇《ぎへい》」）

礼というものは、治世の極《きまり》であり、強国の基礎であり、威厳が行なわれる道であり、巧名の元である。王公がこれによれば天下を得ることもできようが、これによらなければ国を滅ぼすこととなる。……礼の道によれば順調にことが運び、それによらなければダメになるのである。

このように、荀子は〈礼〉の一語によってこの日常的世界のすべてを統括し、表現し尽くそうとしたのです。

以上に見てきたとおり、荀子の哲学的思惟の体系は、理論的に〈礼〉の一語に集約されるものではあるのですが、さらにくわしく言うならば、荀子において、この日常的世界の全体は、伝統的な時空観に基づき、その上で〈礼〉の法則によって一貫して秩序づけられた、一連の体系的なまとまりであるとされるのでした。

それでは、このようないわば一箇の〝理論家〟である荀子の時空観について、さらにくわしく見てゆくことにしましょう。

時間・空間のワク組み

まず、彼の最も基本的な考え方を記述する一文を、ここでは特に時間と空間の観点から概観してみます。

君子は、……聴視《ちょうし》する所の者は近くとも、聞見《ぶんけん》する所の者は遠し。是何《これなん》ぞや。是操術《これそうじゅつ》の然《しか》らしむるところなり。故《ゆえ》に千人万人《せんにんばんにん》の情も、一人《いちにん》の情こそ是《これ》なり。天地の始めなる者も、今日《こんにち》こそ是なり。百王の道も、後王《こうおう》こそ是なり。君子は後王の道を審《つまび》らかにして百王の前を論ずること、端拝《たんはい》して議するが若《ごと》し。礼義の統《とう》を推《お》して是非《ぜひ》の分《ぶん》を分《わ》かち、天下の要《よう》を総《す》べて海内《かいだい》の衆《しゅう》を治むること、一人を使うが若し。

（『荀子』「不苟《ふこう》篇」）

君子たるもの、……見聞きできる範囲は限られていても、その耳目の届く範囲は広い。これは彼の〈操術〉（理論的思惟をやりくりして、その〝知〟の範囲を広げるやりかた）によるものである。だから千人万人の人間の感情も、ひとりのそれにほかならないし、天地の始めなどというものも、今のあり方にほかならないし、古来の多くの王たちのやり方も、今の王たちのあり方がまさにそれなのである。君子たるもの、今のこの王たちのあり方の分析を通じて多くの王たちの昔を論ずることも、まさに整然と議論するがごときなのである（ごく自然なのである）。また礼義の要訣《ようけつ》を押さえ、そこから推論してものごとの善し悪しを判断し、天下の枢要《すうよう》を押さえて世界中の人々を使役することも、まさにひとりの人間を使役するがごときなのである。

推論の形式や記述内容の思想史的な意義等についての考察は、いま一切これを他稿に譲り、ここでは触れないでおきます。そうして、ただひたすら時空観の観点から、この一文を見てみますと、要するに荀子は、彼が言うところの〈君子〉の〈操術〉という概念を、〈千人万人の情〉とか〈天下〉〈海内の衆〉といった空間的表象、つまり空間内における表現形式と、〈天地の始め〉（過去）―〈今日〉（現在）や〈百王の前〉（過去）―〈後王〉（現在）という時間的表象、つまり時間内における表現形式とによって、整然と体系的に認識し、普遍的に位置づけようとしているのです。すなわち、荀子は彼の観念的な主張の普遍性――つまり、いつでも（時間的表象）、どこでも（空間的表象）通用するという意味づけ――を、時空という二つのワク組みにおいて整然と論理的に認識し、表現しようとしているのです。

言うまでもなく、荀子の本旨は、このような理論的記述によって、〈礼儀の統《とう》を推《お》して是非《ぜひ》の分《ぶん》を分《わ》かち、天下の要《よう》を総《す》べて海内《かいだい》の衆《しゅう》を治むること、一人《いちにん》を使うが若《ごと》し〉という、いわゆる〈君子〉の〈操術〉の普遍性を理論的に主張することにあるわけです。しかし、それにしても、荀子の厳密なる理論的思惟を旨とする頭脳は、これを、その場・その時限りの情緒的な記述によって済ますことを、決して許さないのです。これを時間と空間という、認識の二つのワク組みにおいて、整然と普遍的になさないでは措《お》かないのです。

おそらく荀子自身とて、おのが記述内容の理論的な普遍性について、決して「時間的には○○」、「空間的には○○」そして、これらを踏まえた上で、「普遍的に○○」と考えを進めたわけではないでしょう。しかし、荀子の理論的思考は、明らかにこれを時空という二つのワク組みにおいてとらえ、表現しています。おのが主張の普遍性を理論的に記述するということは、とりもなおさず、これを時空のワク組み内において位置づけるという理性的思考のはたらきにほかならないと考えられるからなのです。

真理へと至る道

このことは、荀子の認識論的な思索についての主張を概観してみれば、きわめて明瞭に見て取ることができると思われます。なぜなら、認識論的な思索というものは、すでにいささか触れたとおり、哲学的思惟の体系において最も根幹をなす一連の思惟の流れであると考えられるからなのです。

それでは、荀子は人間の知覚や認識について、いったいどのように考えていたのでしょうか。彼は言います。

凡《およ》そ人の患《うれい》は、一曲《いっきょく》に蔽《おお》われて、大理《だいり》に闇《くら》きことなり。……故《ゆえ》に蔽《へい》を為《な》すもの、欲は蔽を為し、悪《お》は蔽を為し、始《し》は蔽を為し、終《しゅう》は蔽を為し、遠《えん》は蔽を為し、近《きん》は蔽を為し、博《はく》は蔽を為し、浅《せん》は蔽を為し、古《こ》は蔽を為し、今《こん》は蔽を為す。（『荀子』「解蔽篇《かいへいへん》」）

すべて我々人間の（知的な領域における）〈患《うれい》〉は、ものごとの一部分に覆われて、全体像をつかみきれないところにある。……すなわち、（私たちの知覚を覆う）〈蔽《ヴェール》〉は、欲―悪・始―終・遠―近・博―浅・古―今などである。

まず荀子は、人間の理性的な認識能力を理論的に批判します。私たち人間の認識は、つねに〈欲《よく》悪《お》〉（欲望と嫌悪）〈始終〉〈遠近〉〈博浅〉〈古今〉といった相対のワク組みの中でいとなまれています。それゆえ、荀子において、私たち人間の理性による認識のいとなみは、決して絶対普遍の真理に到達することができないものとしてとらえられています。少なくとも理論的には、それが私たち人間存在にとっての切実なる真相である、と考えられているのです。

ここで、〈欲悪〉は人間の情動面、つまり心の感情的な動きにおける相対的様相でしょう。また、〈始終〉〈遠近〉〈博浅〉は、時空いずれとも解されるでしょうが、〈古今〉だけは、明らかに時間的形式における相対観を表象する言葉です。要するに、荀子は人間の知的な認識の能力を批判するに当たって、人間の情動的な一面と、理性的な一面としての時空のワク組みとの両面にわたって、あまねくその相対性を指摘するのです。それではいったい、私たち人間にとっての真理とは、いかなるものだというのでしょうか。

聖人《せいじん》は心術《しんじゅつ》の患《かん》を知り、蔽塞《へいそく》の禍《か》を視《み》る。故《ゆえ》に無欲無悪《むお》、無始無終、無近無遠、無博無浅、無古無今、万物《ばんぶつ》を兼陳《けんちん》して、中ほどに衡《こう》を縣《か》く。……何をか衡と謂《い》う。曰《いわ》く、道なり。……人は何を以《もっ》て道を知る。曰く、心《こころ》なり。心は何を以て知る。曰く、虚一《きょいつ》にして静《せい》なり。

（『荀子』「解蔽篇」）

聖人たる者は、人間の心の使い方の問題点をわきまえ、そのトラブルのありさまを見て取る。だから、欲なく悪なく、始なく終なく、近なく遠なく、博なく浅なく、古なく今なく、万物を兼ね陳《つら》ねて、中ほどに〈衡《めやす》〉を置く。……何をして〈衡〉と言うのか。〈道〉である。……我々はどのようにして、この〈道〉を知るのか。心を以て知るのである。では、この心はどのようにして（この〈道〉を）知るのか。〈虚一にして静〉によってである。

人間存在の相対性を、あくまで理性的認識の次元で理論的に克服してゆくには、その中庸《ちゅうよう》（よろしき中ほど）を理論的に規定し、これを守るほかはないと言うのです。それを荀子は〈衡〉と言い、〈道〉と表現しています。そして、そのはたらきはさらに〈虚一にして静〉とも表現されるのです。

〈虚一にして静〉なる心

以下、この〈虚一にして静〉について、さらに具体的な説明が続きます。

心《こころ》は未《いま》だ嘗《かつ》て蔵《ぞう》せずんばあらず。然《しか》れどもいわゆる虚《きょ》あり。心は未だ嘗て満《み》たずんばあらず。然れどもいわゆる一《いつ》あり。心は未だ嘗て動かずんばあらず。然れどもいわゆる静《せい》あり。

（『荀子』「解蔽篇」）

心には過去の記憶がギッシリ詰まっているが、（そのために）〈虚〉（というはたらき）がある。また心は同時に多くのものを知覚するが、（そのために）〈一〉（というはたらき）がある。さらに心には感情の動きがあるが、（そのために）〈静〉（というはたらき）がある。

ここに言う〈虚一にして静〉とは、じつは〈虚〉〈一〉〈静〉という、〈心〉の三つのはたらき――理性の認識能力――のことなのです。〈虚〉とは、時間的側面から見た〈心〉のはたらき、つまり、多くのものごとを時間の流れに沿って正しく認識するはたらきのことです。また、〈一〉とは、〈心〉のはたらきを空間的側面から見たもので、空間的な広がりにおいて雑多な現象を整然と認識するはたらきのこと。さらに〈静〉とは、〈心〉のはたらきを情動的な側面から見たものです。すでに触れたとおり、荀子は人間の情動的な一面をも、決して忘れずに考えに入れているのです。

以下、さらに詳細な説明が続きます。

> 人は生まれながらにして知るあり、知れば志《し》あり。志なる者は蔵《ぞう》なり。然《しか》るにいわゆる虚《きょ》ありとは、已《すで》に蔵する所を以《もっ》て将《まさ》に受けんとする所を害《そこな》わず。之《これ》を虚と謂《い》う。心は生まれながらにして知るあり。知れば異《い》あり。異なる者は、同時に兼《か》ねて之を知る。同時に兼ねて之を知るは両《りょう》なり。然るに一《いっ》ありとは、かの一を以てこの一を害わず。之を一と謂う。心は臥《が》すれば則《すなわ》ち夢み、偸《とう》すれば則ち自行《じこう》し、之を使えば則ち謀《はか》る。故《ゆえ》に心は未《いま》だ嘗《かつ》て動かずんばあらず。然るにいわゆる静ありとは、夢劇《むげき》を以て知を乱《みだ》さず。之を静と謂う。
>
> （『荀子』「解蔽篇」）

人には生まれながらにして〝知る〟はたらきがある。人がものごとを知ると、それが記憶となって心に貯蔵される。そこで〈虚〉（というはたらき）があるというのは、すでに記憶した内容が、いま認識しようとしていることをジャマしないようにする、これを〈虚〉（というはたらき）と言うのである。また、心には生まれながらにして〝知る〟はたらきがある。人がものごとを知ろうとすると、異なったさまざまなものごとを同時に認識することとなる。異なったさまざまなものごとを同時に認識することとなると、両《ふたつ》（あるいは、それ以上のものごと）をいちどに知ることとなる。そこで〈一〉があるというのは、あちらの〈一〉でもって、こちらの〈一〉（の認識）をジャマしないようにする、これを〈一〉と言うのである。さらに、心は寝ていると夢を見るし、ボーッとしていると勝手な想像をするし、意識してものを考えることもある。心は常に動いている。そこで〈静〉があるというのは、夢や幻でもって〝知る〟はたらきを損なわないようにする、これが〈静〉である。

かくして、私たち人間は、有限な、それゆえ、理論的には絶対普遍の真理に到達できない存在でありながら、その限界の中で、最大限に正しく普遍的な〈知〉を得ることができる、と言うのです。このことを、荀子はさらに次のように述べています。

虚一《きょいつ》にして静《せい》、之《これ》を大清明《だいせいめい》と謂《い》う。万物《ばんぶつ》は形《かたち》として見ざるなく、見るとして論《ろん》あらざるなく、……室《しつ》に坐《ざ》して四海《しかい》を見、今《いま》に処《お》りて久遠《くおん》を論じ、万物《ばんぶつ》を疏観《そかん》してその情《じょう》を知り、……

（『荀子』「解蔽篇」）

〈虚一にして静〉、これを〈大清明〉と言う。万物は、形あるものはすべて見えており、見えていれば、そこに論理的な秩序があり、……部屋の中に居ながらにして四海《せかい》を見て取り、現在の観点から久しい昔を論じ、万物をその手にとらえてその実情を知り……

これこそ、空間的に〈室《しっ》に坐《ざ》して四海《しかい》を見〉て、時間的に〈今《いま》に処《お》りて久遠《くおん》を論〉じ、ついに〈万物〉の実情を知り尽くすに至るという、荀子の理論的な認識論の極みであると考えられるのです。

〈礼〉の世界の住人

ここにおいてもまた、時空というワク組みは明確なかたちで姿を表してきます。すでに何度も触れたとおり、この時空のワク組みこそ、荀子が私たちの認識を批判的に論ずる際の、理論的支柱であると考えられるからなのです。したがって、荀子の認識論――ひいては、その哲学的思惟の全体――は、時空のワク組みを支柱とする、きわめて理論的な体系であったと思われるのです。

要するに、荀子において、私たち人間は、時空というワク組みの網目の中にあって、〈礼〉の法則によって律せられる存在であったのです。それゆえ、私たち人間も含めてすべての存在は、その時空と〈礼〉の理論的体系の中に位置づけられるのです。時空のワク組みによって整然と理論づけられた〈礼〉の体系、それは荀子の理論的思惟の中核であるというよりも、むしろ、彼にとっての〝世界〟そのものだったのです。したがって、彼は〈礼〉の世界の住人であった、と言うことができるでしょう。

荀子と荘子

かくして、荀子もまた、先に見た荘子の弟子たちと同様に、理性的な思索の流れの中で、人事・自然を問わず、すべての現象を時空のワク組みの内にとらえていたのです。さらにそれを、原因—結果という無限に循環を繰り返す連鎖的形態のかたちで表象し、〈類《るい》を以《もっ》て雑《ざつ》を行ない、一を以て万を行なう。始まれば則《すなわ》ち終わり、終われば則ち始まり、環《かん》の端《たん》なきが若《ごと》し〉（『荀子』「王制篇」）と述べていたことは、先に見たとおりです。このことを、荀子はまた、

天地は則《すなわ》ち已《すで》に易《かわ》り、四時は則ち已に偏《うつ》る。その宇中《うちゅう》に在《あ》る者、更《さら》に始まらざる莫《な》し。（『荀子』「礼論《れいろん》篇」）

天地自然はめぐり、四季は移り変わる。この世界内の存在は、すべて（終わればまた）新たに始まるのである。

とか、あるいは、

千歳《せんざい》必ず反《かえ》るは古《いにしえ》の常《つね》なり。（『荀子』「賦《ふ》篇」）

千年も（の年月も、終わればまた始めに）返るのは、古来の常とする所である。

等とも記述しています。要するに、荀子の現象世界についての、いわば〝理論的理解〟は、荘子の弟子たちのそれと全く同一のものであったと考えられるのです。

言うまでもなく、荀子と荘子およびその後学たちとは、その考え方の形態や目指すところの理念などが全く異なっています。かたや、世界の〈正理平治《せいりへいち》〉（『荀子』「性悪篇《せいあくへん》」）を目指し、人事・自然を問わず、文字どおりの全世界を統括する〈礼〉の理論を打ち立て、また、一方は、そのような世界から身を引いて、独自の〈道〉を求めて修行を積み、それを体現し、あるいはそれを理論的に記述するというものでした。とはいえ、両（三？）者の哲学的思惟には、やはり同時代の同国人同士ということもあってか、興味ある一致が見られるのでした。

すなわち、まず第一に、荀子と荘子の両者はともに、私たち自身の理性的思惟、つまり理性によって論理的にものごとを判断してゆく意識のはたらき、の相対性――それは、とりもなおさず、私たち人間存在の相対性そのものに由来するものです――に着目し、私たち人間は、理性的な認識の次元において、決して絶対普遍の真理に到達することができないという、いわゆる〝相対観〟を持っていました。両者の哲学的思惟はいずれも、私たち人間にとってきわめて切実なるこの事実を、率直に、そして明確に認めることから出発しているのです。

ところが、荀子はあくまでも理性的な認識の次元に踏みとどまり、きわめて精緻にして周到なる理論的思惟によって、この〝相対〟の範囲内で至りうる最高の真理――〈虚一にして静〉の〈道〉

（『荀子』「解蔽篇」）――に到達したのです。そこにおいて時間と空間は、常に認識のワク組みとしてその姿を明確に現しており、荀子の理論的思惟の二大支柱であったことがうかがわれます。

　これに対して荘子は、その〝相対〟の世界を斥《しりぞ》け、みずから哲学的な鍛錬、つまり〈無為〉なる〝修行〟を積み、この〝時空の桎梏〟を実践的に超克して、そこに無限の世界を切り開き、〈万物斉同〉の〈道〉を体現し、そこに〈逍遥遊〉しました。要するに、荘子は時空を超えた世界に遊ぶ者だったのです。したがって、これを言葉で説明しようとすることは、とりもなおさず、これを理性的思惟の次元で論理的に表現しなおすことであり、荘子の世界の崩壊につながるのです。しかし、あえてこれを〈妄言《もうげん》〉（『荘子』「斉物論篇」）のかたちで残そうとする場合には、彼もこれを時空のワク組みに仮りて記述するのです。荘子もやはり、理性的思惟の次元では、時空のワク組みに依拠せざるをえなかったのです。

　ところが、荘子の弟子たちは、荘子のこのような〈道〉を、理性的思惟の次元で、理論的に理解しようとしました。言うなれば、彼らは〝相対〟に論理的操作を加えて、〝絶対普遍〟のレッテルを貼ったのです。そのために、彼らの念頭には、常に時空のワク組みが明確に意識されており、その結果、彼らの哲学的思惟とその記述は、むしろ荀子のそれと同一の流れに属するものとなってしまったのだと考えられるのです。

　かくして、中国古代における時空観は、認識のワク組みとして、その哲学的意義は、ほぼ一定していたと考えられます。ただ、その時空というワク組みを、いかにおのが哲学的思惟の体系中に位置づけ、いかに対処してゆくかというところに、おのおのの思想家・哲学者たちの個性があり、おのおの〝世界〟の特質が現れてくるのだと思われるのです。

II 〝夢〟をめぐって

1 夢の世界へ

夢をめぐる議論

〝夢〟は、精神分析学的な観点からすれば、その深層において存在論的な脈絡を有していると考えられています。それゆえ、宗教哲学的な意味での一種非日常の世界に身を置く人物にとって、〝夢〟は、単なる〝幻想〟の域を超えて、その非日常の世界における〝現実的〟な実体験そのものであるのです。そのような意味で、やはり一種非日常の〈道〉の世界に身を置いた人物である荘子にとって、〝夢〟は、この日常的な現象の世界以上に〝現実的〟な世界なのでした。したがって、荘子の語る〝夢〟にまつわる記述を分析することによって、彼の〈道〉の哲学的思惟の本質に、さらに深く踏み込んで、その思索の一側面を概観することが可能になるものと思われるのです。

ところが、この〝夢〟の問題が、ひとつの哲学思想として議論されるのは、ほとんどの場合、懐疑論（私たち人間の認識の普遍性に〝懐疑〟を抱いて繰り広げられる議論）の一様相として、認識論の観点からなされるのが常であったのです。考えてみれば、認識論的な観点から、この〝夢〟の問題を取り上げれば、議論がそのように懐疑論的な方向に発展するであろうことは、全く自然なことであると言えるでしょう。果たして、古代ギリシャの哲学思想において、〝夢〟の問題を哲学的に取り扱った認識論的議論の嚆矢《こうし》をなすものが、そのような懐疑論的な観点からなされたものであったことも、全くむべなることであったと思われるのです。

したがって、荘子の〝夢〟についても、すでにそのような認識論的観点から、多くの懐疑論的議論が行なわれていることも、これまた十分に理解できるところではあります。とはいえ、認識論的な観点からなされる懐疑論的議論における〝夢〟は、あくまでもそれらの議論の発端をなす基本的概念であるにすぎません。それらの議論は、しかし決して〝夢〟そのものの本質にまで踏み込んで〝夢〟そのものの意義を問うものでもなければ、そもそもこの〝夢〟というものが、私たち人間の〝生〟にとっていかなる意義を有するものであるかを問題とするものでもないのです。

荘子の夢を読み解く

従来の認識論的な観点からなされる、懐疑論的な議論の脈絡における荘子の〝夢〟についての記述の分析も、確かに懐疑論的な問題については、多くの示唆に富む内容豊かなものではありましょう。しかしそういった議論は、荘子の〈道〉の哲学的思惟における〝夢〟の本質的な意義や、さらには〈道〉の世界に実在する荘子のあり方、ひいては私たち人間存在の〝生〟そのものの真実にとって、〝夢〟がいかなる意義を持つものであるか、といった点についての明確な意識がないまま、ややもすれば単なる懐疑論そのものの概述的展開に流されてしまう傾向があることも、いなめないところかと思います。その結果、荘子の哲学的意識の深層における〝夢〟の本質的な意義、ひいては、荘子の〈道〉の哲学的思惟の本質といった、いわば〝本題〟が見逃され、いささか不備を残すものであると言わざるをえないと思われるのです。

そこで以下において、この〝夢〟という人間的な現象を、人間存在の深層領域における意識の形態の現れとして哲学的に一歩踏み込んでとらえ、その〝夢〟の象徴によって、荘子がいかにして〈道〉の世界の本質を表象しようとしていたかを、いささか明らかにしてみたいと思うのです。荘子のいわゆる〈万物斉同〉の〈道〉の世界が、身心の鍛練を積むことによって、人間存在の深層領域の意識の世界に体現されるものであり、この点において、彼のいわゆる〈道〉と〝夢〟とは、同一の存在論的脈絡を有するものであると考えられるからなのです。

とはいえ、以下にお話することとて、そもそも〝夢〟のなんたるか、ということについての本質的分析を行なおうとするものではありません。ある意味では、先の懐疑論的議論と同様、〝夢〟はその論述の発端をなすものであるにすぎないとも言えるでしょう。しかし、少なくとも荘子の〝夢〟の象徴について、あらたな観点からの分析を行なうことで、その〈道〉の哲学的思惟の本質について、いささか新生面を指摘することができるのではないかと思うのです。そしてさらに、あわよくば、私たち人間存在にとっての〝夢〟の存在論的な意義についてもまた、ささやかな示唆が与えられるのではないかと思っています。

そこで、まず荘子の〈道〉の思想そのものを〝夢〟にかかわる範囲内で見直したうえで、その〈道〉についての象徴的な記述において〝夢〟がいかに表象されているかを分析し、そうすることによって、〈道〉と〝夢〟の関係、ひいては荘子の〈道〉の思想の、言わば〝夢〟から見た一側面について考えてゆきたいと思うのです。

2　荘子の〈道〉と夢

〈道〉への階梯

すでに触れた通り、荘子の〈道〉の思想の基本は、一種の哲学的実践――すなわち〝修行〟――を通じて理性的思惟の次元を超えて、おのが意識の深層領域に退行し、そこにおいて、

天下に、秋豪《しゅうごう》（毫）の末《すえ》よりも大なるはなく、而《しか》も大山《たいざん》を小なりと為《な》す。殤子《しょうし》よりも寿《じゅ》なるはなく、而も彭祖《ほうそ》を夭《よう》なりと為す。天地と我と並び生《しょう》じて、万物と我と一たり。

（『荘子』「斉物論篇」）

（現代語訳は一五一ページを参照）

と記述される、いわゆる〈万物斉同〉の境地を切り開き、そこに〈逍遥遊〉して、人間存在に普遍の〈道〉を体現するというものでした。

このような身心の鍛錬を、荘子はまた、〈心斉《しんさい》〉（『荘子』「人間世篇《じんかんせい》」）とか、あるいは、〈坐忘《ざぼう》〉（『荘子』「大宗師篇《だいそうし》」）等と表現して、その哲学的思惟の体系の中に位置づけようとしています。次の引用は、荘子のこのような哲学的実践の深化の過程を象徴的に記述する一文であったと考えられます。

……参日《さんじつ》にして而《しか》る後《のち》能《よ》く天下を外《わす》る。已《すで》に天下を外れて、吾《われ》また之《これ》を守るに、七日《しちじつ》にして而る後能く物を外る。已に物を外れて、吾また之を守るに、九日《きゅうじつ》にして而る後能く生《せい》を外る。已に生を外れて、而る後能く朝徹《ちょうてつ》す。朝徹して而る後能く独《どく》を見る。独を見て而る後能く古《こ》今《こん》なし。古今なくして而る後能く不死不生《ふしふせい》に入《い》る。

（『荘子』「大宗師篇」）

（現代語訳は一〇七ページを参照）

ここにおいて、〈朝徹〉という言葉は、朝日に向かって行なわれる修行法を連想させるものでした。また、〈古今なし〉と言われるのは、まさにその〈朝徹〉の〈道〉の境地が、遥かに時間を超えたものであるがゆえのことであろうと考えられます。

この一文は、先に引いた〈天下に秋豪《しゅうごう》の末《すえ》よりも大なるはなく、……〉（『荘子』「斉物論篇」）の一句において、〈大〉〈小〉という空間的広がりと共に、〈寿〉〈夭〉という時間的広がりをも撥無するがごとくに超越することが典型的に記述されていたのと同様の、〝無時空の〟世界を描写するものです。そして、さらに、

北冥《ほくめい》に魚《うお》あり。その名を鯤《こん》と為《な》す。鯤の大いさ、その幾千里《いくせんり》なるかを知らず。化《か》して鳥と為《な》る。その名を鵬《ほう》と為す。鵬の背、その幾千里なるかを知らず。怒《ど》して飛べば、その翼は垂天《すいてん》の雲の若《ごと》し。……

（『荘子』「逍遥遊篇」）

北の果ての海中に魚がいる。その名前は鯤という。鯤の大きいこと、何千里あるか分からないほどである。それがこんどは鳥に変身する。その名は鵬である。鵬の背中の大きいこと、これまた、何千里あるかも分からない。それがバタバタッと羽ばたいて飛び上がれば、その翼は、まるで大空に広がる雲のようである。

という表現にも見られるように（詳しくは次節二〇九ページ以下を参照）、主体たる〝私〟が同時にまた客体たる〈鯤〉となり〈鵬〉となって、主客一体となった〈万物斉同〉の〈道〉の世界に〈逍遥遊〉するという、荘子自身の存在世界を体現する〝修行〟の過程を、象徴的に表現する記述であ

ったと考えられるのです。

要するに、荘子のこのような〈道〉の世界は、みずから身心の鍛練を積んで実践的に体現すべき、人間存在の本質的なあり方のひとつの現れなのでした。それゆえにこそ、これを日常的な意識の展開の流れにおいて、理論的に説明することは、到底不可能なことであるとされるのでした。

無窮の円環のイメージ

そこで、荘子のこのような〈道〉の世界を、強いて理性的思惟の次元に引き戻し、言葉によって理論的に説明しようとすると、次のような、きわめて難解な表現になってしまうのでした。

物《もの》は彼《かれ》に非《あら》ざるはなく、物は是《これ》に非ざるはなし。みずから彼とすれば則《すなわ》ち見えず、みずから知れば則ち之《これ》を知る。故《ゆえ》に曰《いわ》く、彼は是より出《い》で、是も亦《また》彼に因《よ》ると。彼是方正《かれこれほうせい》の説なり。然《しか》りと雖《いえど》も、方生方死《ほうせいほうし》、方死方生。方可方不可《ほうかほうふか》、方不可方可。是《ぜ》に因りて非《ひ》に因り、非に因りて是に因る。是《ここ》を以《もっ》て聖人は、由《よ》らずして之《これ》を天に照らす。亦是《これ》に因るのみ。是も亦彼なり。彼も亦是なり。彼《かれ》も亦一是非《ぜひ》、此《これ》も亦一是非。果たして彼《かれ》と是《これ》あるか。はたして彼と是なきか。彼と是と、その偶《ぐう》を得るなき、之を道枢《どうすう》と謂《い》う。枢にして始めてその環中《かんちゅう》を得て、以て無窮《むきゅう》に応ず。是《ぜ》も亦一無窮、非《ひ》も亦一無窮なり。

(『荘子』「斉物論篇」)

（現代語訳は一〇八ページを参照）

この一文の前半〈是《ぜ》に因《よ》りて非《ひ》に因り、非に因りて是に因る〉までは、私たち人間の日常的思惟の脈絡における理性的認識の相対性を、言い換えれば、この日常的世界そのものの相対性を、〈彼〉〈是〉や〈生〉〈死〉等の諸事象を挙げて、徹底的に指摘しています。

ところが、この日常的相対の世界は、〈是《ここ》を以《もっ》て聖人は、由《よ》らずして之《これ》を天に照らす〉と、いともあっけないほど簡単に超克されてしまうのでした。これは理論的には、まさに〝論理の飛躍〟以外の何物でもありません。しかし、それは、すでにいささか触れたとおり、いかんともしがたい、いわば、荘子の〝言葉の限界〟だったのです。〈道枢《どうすう》〉や〈環中《かんちゅう》〉といった、文字通り〈無窮〉の円環の心象――いわゆるウロボロスのイメージ――によって、強いて表現される荘子のこの〈道〉の世界が、みずからを深める身心の鍛練――すなわち〝修行〟を積んで、自分自身においてこれを体現するよりほかないものであったればこそのことであると言えるでしょう。

ここで、荘子のこの無窮の〈道〉の世界が、ウロボロスのごとき神話的表象によって記述されていることは、注目に値することです。すなわち、神話は、夢と並んで、人間存在の深層領域の意識にかかわる哲学的思惟の諸形態を、日常的な現象世界に投影して、きわめて象徴的に表現する一連の表象群であると考えられるからなのです（この神話の問題については次節を参照のこと）。

夢や神話の象徴作用を駆使して、荘子はその言葉にならない〈道〉の世界を記述しようとしていたのです。その典型的な一例が、あの渾沌《こんとん》神話であると考えられるのですが、今その点についての考察は他節に譲り、いよいよ、荘子における夢の象徴的表現の分析へと歩を進めてゆきたいと思います。

胡蝶の夢

上述のような、荘子の〈万物斉同〉の〈道〉の世界の体現の過程は、そのいわゆる〝胡蝶の夢〟の寓話において、きわめて典型的に物語られています。

昔者《むかし》、荘周《そうしゅう》、夢に胡蝶《こちょう》となる。栩栩然《くくぜん》として胡蝶なり。自《みずか》ら喩《たの》しみて志《こころざし》に適うかな《かな》。周たるを知らざるなり。俄然《がぜん》として覚《さ》むれば、則《すなわ》ち蘧蘧然《きょきょぜん》として周なり。知らず、周の夢に胡蝶となるか、胡蝶の夢に周となるか。周と胡蝶とは、則ち必ず分《ぶん》あり。此《これ》を物化と謂《い》う。

（『荘子』「斉物論篇」）

先日、荘周（荘子のフルネーム、「私は」ということ）は夢の中で胡蝶《ちょうちょ》になった。栩栩然《ひらひら》と宙を飛んで、まちがいなく胡蝶《ちょうちょ》だった。たのしいなあ、志の適《ゆ》くままだ、と自分が周（＝私）であることなど忘れていた。しかし、俄然《ハッ》として目醒めてみれば、やはり蘧蘧然《あきらか》に周《わたし》である。周《わたし》が夢の中で胡蝶になったのか、それとも胡蝶が夢を見て周《わたし》になったのか、どちらか分からない（そういう主体と客体の区別がないのが夢の世界、さらに言えば、〈万物斉同〉の〈道〉の世界なのだ）。だが、日常的な世界に戻って考えてみれば、周《わたし》と胡蝶《ちょうちょ》とは、これまた明らかに別のものである。そこで（もし、このことを日常的な時空のワク組みの中で説明しなければならないとしたら）、これは〈物化〉、つまり〝物の変化〟ということで理解しなければならないだろう（言うまでもなく、それは、たんなる相対的な理屈であり、決して〈万物斉同〉の〈道〉の真実ではない）。

夢の世界というのは、すでに触れたように、意識の深層領域のイメージやなんらかの動きが、一種の原型的な形態において象徴的に表出される〝場〟なのです。ですから、私たちは、よく夢の中で私たちの深層意識から流れ出てくるさまざまなメッセージを受け取るのです。しかし、それが意味するところは、よくよく分析してみなければ、そう簡単には判断できません。興味がある方は、毎日〝夢日記〟をつけてみることです。そして後日それを読み返してみるのです。きっと「あ、あのときの○○は、こうだったのだ」などと気がつくことがあるでしょう。ただし、あまりその〝意味づけ〟に固執しない方がよいと思います。たしかに、夢は私たちの意識の深層領域からのメッセージではありますが、すでに〝理性〟のフィルターを通して意識のヴィジョンとして投影されたものであり、やはりもう〝深層意識〟そのものではないのですから。

主客合一の境地

おそらく荘子は、そのような〝夢の世界〟の意義を、直観的に分かっていたのでしょう。そこで彼は、そのような夢の世界になぞらえて、〈万物斉同〉の〈道〉の世界のありさまを、象徴的に記述するのです。

ここで〝私〟たる主体（〈荘周〉）が、そっくりそのまま認識の対象、つまり客体である〈胡蝶〉である、というのは、これこそ〈万物斉同〉のあり方、つまり主体＝客体というあり方そのものの記述なのですが、しかし、これは決して主体と客体の混同ではありません。すでに〈道〉の世界における天地万物との一体感ということについてお話ししましたが（八三〜八四ページ）、それと同様に〈道〉の世界では、主体と客体の区別がない――より厳密に言えば、〈道〉の世界は、主客合一の世界なのです。

このように主客合一で、しかも時間と空間のワク組みから解放されているというのが、〈道〉の世界――ひいては、古今東西のそういった身体的鍛練をともなった思想が共通に主張する、ひとつの普遍的な〝境地〟――の特質だったのです。というのも、主客と時空という二つのワク組みが、理性的に理屈でもって思索を進めてゆく際の二大支柱となっているからです。つまり、こういった、いわば相対観の〝大もと〟を、理屈ではなく、身体的な鍛練によって実践的に解消した先にこそ、〈万物斉同〉の〈道〉の境地や、ひいては古今東西を問わず世界的に広がる同様の人間心理の境地が達成される、ということなのです。

そこでこのような夢の世界、つまり〈万物斉同〉の〈道〉の世界に、文字どおり〈逍遥遊〉して、〈みずから喩《たの》しみて志《こころざし》に適《かな》うかな〉と、おのが本旨を遂げてよろこぶ荘子の姿は、まさに超然として日常的相対の世界を超え出て、〈四海《しかい》の外に遊ぶ〉といわれた〈聖人〉(『荘子』「逍遥遊篇」)のそれにほかありません。このような〈万物斉同〉の〈道〉の世界の体現こそ、荘子の思想の最も根幹をなす、いわばその実践的な真髄なのでした。

夢による〈道〉の表現

ところで、この〝胡蝶の夢〟を語る中で〈物化〉という言葉が見えます。この言葉をめぐる哲学的議論の詳細については、ひとまず措《お》くとして、〈物化〉つまり〝物体の変化〟とは、とりもなおさず、空間という直感的認識のワク組みの中において、なんらかの現象が時間的に変化する流れを表象する言い方にほかなりません。したがって、逆に言えば、この夢の世界と〈道〉の世界は、共に時空を超え、主客一体となった、文字通りの〈無窮〉の広がりだったのです。しかし、それをこの日常的な意識の世界において合理的に記述するためには、それを時空というワク組みの中で、

〝変化〟という観念においてとらえなければならない、じつに不自由な世界だ、という意味を含んだ表現なのです。

このように、時空を超え、主客一体となった、〝夢〟の世界は、そっくりそのまま、人間存在の深層領域の意識において体現される〈道〉の世界の特質をそなえているのです。荘子は、そのことをよく理解した上で、わざわざそれを〈道〉の世界の実際を象徴的に記述することに応用したのでした。これこそが、みずから体現した〈道〉の世界の実際を記述するために、荘子がそれを〝夢〟の世界の中の出来事として表現した、まさに第一の要因であったと考えられるのです。数ある『荘子』書中の寓言の中でも、この一節が出色の出来ばえであるとの評価が高いのも、全くゆえなしとしないところです。

以下に、荘子における夢の象徴的記述について、さらに考究を進めてゆきたいと思います。

3 荘子の夢の諸相

匠石の夢

以上に述べてきた見解をもとに、荘子の〝夢の表象〟の実際を例証してみることにしましょう。まずはじめに、いわゆる〝匠石《しょうせき》の夢〟の寓言について見てゆきたいと思います。大工の〈石《せき》〉が、あるとき巨大な〈櫟社《れきしゃ》〉の木（土地の神を祭る社《やしろ》に植えられた櫟《くぬぎ》の木）を見ました。一見立派に見えるこの木も〈石〉の、しかし日常的な価値基準から見たならば、あまりに大きく何の役にも立たない木であり、〈石〉は一顧だに与えずにその木の前を通り過ぎてしまうのです。

その夜、〈石〉のこのような表層意識の〝理性的判断〟に対する、いわゆる〝補償作用〟として、この〈櫟〉の木が、〈石〉の夢に現れます。

匠石《しょうせき》帰る。櫟社《れきしゃ》、夢に見《あら》われて曰《いわ》く、女将《なんじは》た悪《いずく》にか予《われ》を比《ひ》するや。若将《なんじ》た予を文木《ぶんぼく》に比するか。それ柤《さ》・梨《り》・橘《きつ》・柚《ゆう》の果蓏《から》の属《ぞく》は、実熟《みじゅく》すれば則《すなわ》ち剝《は》がれ則ち辱《と》られ、大枝《だいし》は折られ小枝《しょうし》は泄《さ》かる。此《これ》その能《のう》を以《もっ》てその生を苦しむ者なり。故《ゆえ》にその天年《てんねん》を終えずして、中道《ちゅうどう》にして夭《よう》し、自《みずか》ら世俗《せぞく》に掊撃《ほうげき》さるる者なり。物是《か》くの若《ごと》くならざるは莫《な》し。且《か》つ予の用《もち》うべき所なきを求むるや久し。死に幾《ちか》くして乃《すなわ》ち今之《これ》を得《え》、予《わ》が大用《たいよう》と為《な》す。予をして有用たらしめば、且《は》た此《こ》の大あるを得んや。且つ若《なんじ》と予《われ》と皆《みな》物なり。奈何《なん》ぞ、それ相《あい》物とせんや。而《しこう》して死に幾きの散人《さんじん》、又悪《いずく》んぞ散木《さんぼく》を知らんや、と。

（『荘子』「人間世篇《じんかんせい》」）

匠石は家に帰って休んだ。すると櫟社（社《やしろ》の櫟《くぬぎ》）が夢に現れて言った。「お前は、いったい、私を何と比較しようというのか。お前は私を〈文木〉（立派な有用の木）と比べようというのか。そもそも柤《こぼけ》・梨《なし》・橘《たちばな》・柚《ゆず》等の木の実の類は、その実が熟せばむしり取られはぎ取られ、大きな枝は折られ、小さな枝は引きちぎられる。これは何か役に立つことがあるから、かえってその〃生〃を苦しめることになるものたちなのだ。それは、本来の寿命を全うできないで、若死にするものであり、自分から世俗に打ちのめされているものたちなのだ。世の中のものごとは、すべてこうしたものだ。しかも、私は長い間ずっと役に立たないものになろうと努めてきたのが、死に近づいた今、やっとそうなれて、これを我が大いなる〃用《はたらき》〃となしているのだ。もし私が役に立つ木であったならば、ここまで大きな木になれたであろうか。お前も私も同じ〈物〉ではないか。どうして相手だけを〈物〉として（批判など）できようか。お前のような死に損ないの〈散人〉（やくたたずの人間）にどうして〈散木〉（やくたたずの木）のことが分かろうか」と。

と語りかけ、〈石〉の浅薄で狭量な見解をいましめるのです。〈万物斉同〉の〈道〉の世界に入って見れば、〈文木〉─〈散木〉などという、いかにも日常的・相対的な価値判断など、何の役にも立たない。そのような皮相な考えに惑わされることなく、本来あるべき〈天年〉を全うして、真の〝生〟に安らぐべきである、と言うのでした。

この寓話は、その内容から見れば、いわゆる〈無用の用〉の考え方を展開するものであると言えるでしょう。それをことさらに〈夢〉の中での出来事として描くのは、それが日常的意識の脈絡において展開される、単なる理屈の上での、一種の〝逆転の論理〟の主張に留まることなく、さらにその奥底に確固として存在する〈道〉の哲学的思惟を明らかにし、その〈道〉の体現に基づく、真の意味での現実的な真実の〝生〟の問題を衝くためであったと考えられるのです。

ここにおいて夢は、明確に人間存在の深層領域の意識において体現される〈道〉、そしてその〈道〉の世界の象徴そのものであると考えられます。〈道〉の体現は、決して単なる〝絵空事〟ではありません。〝夢〟というものの本質は、人間存在の深層領域の意識がなんらかの心象をともなって、きわめて原初的な形態において象徴的に発現されたものであると言うことができます。まさにそのような意味においてこそ、〝夢〟の世界は、すなわち〈道〉の世界だったと言えると思うのです。

空髑髏の夢

続いてもうひとつだけ、『荘子』の〝夢の表象〟の例文を引用してみたいと思います。有名な〝空髑髏《くうどくろ》の夢〟の寓話です。

荘子が楚《そ》に旅した時、道ばたに〈空髑髏〉（全く肉が取れたしゃれこうべ）を見かけました。遺体がそのまま放置された結果です。日常的な意識の中で、荘子はそれを哀れに思い、荘子は〈髑髏〉に問いかけます「いったいどんな因果でこんな姿に？」と。そしてその身の不幸を語るのです。語り終わり、荘子はこの〈髑髏〉を引き寄せ、それを〈枕〉にして寝てしまいました。すると夜中にこの〈髑髏〉が荘子の夢に現れて、荘子との間に次のような会話が展開されるのです。

夜半、髑髏《どくろ》夢に見《あら》われて曰《いわ》く、子《し》の談は弁士《べんし》に似たり。子の言う所を視《み》ればみな生人《せいじん》の累《るい》なり。死すれば則《すなわ》ち此《これ》なし。子、死の説を聞かんと欲《ほっ》するか、と。荘子曰く、然《しか》り、と。髑髏曰く、死すれば上に君なく、下に臣なし。亦《また》四時の事なし。従然《しょうぜん》として天地を以《もっ》て春秋《しゅんじゅう》と為《な》す。南面の王の楽しみと雖《いえど》も、過ぐる能《あた》わざるなり、と。荘子信ぜずして曰く、吾《われ》司命《しめい》をして復《ま》た子の形《かたち》を生《しょう》じ、子の骨肉《こつにく》肌膚《きふ》を為《つく》り、子の父母妻子と閭里《りょり》の知識《ちしき》に反《かえ》さしめば、子之《これ》を欲《ほっ》するか、と。髑髏深く矉蹙《ひんしゅく》して曰く、吾安《われいず》くんぞ能《よ》く南面の王の楽しみを棄《す》てて、復た人間《じんかん》の労《ろう》を為《な》さんや、と。

（『荘子』「至楽《しらく》篇」）

夜半に、この髑髏が夢に現れて言った「あなたの言い方は、まるで弁士のようだ（口先だけのたわごとだ）。あなたの言うことを考えてみると、すべてこれ生きている人間の累《わずらい》にすぎない。死んでしまったら、もうそんなものはない。どうかね、あなたは死についての話を聞いてみたいか」と。荘子が「はい」と答えると、髑髏は言った「死んでしまえば、上に君主はなく、下に臣下もいない。また四季の移り変わりに追われる雑務もなく、ゆったりと天地自然の運行に則って、それを春秋としている。南面の王の楽しみといっても、これに勝るものはないのだ」と。しかし荘子は、それを信用せずに、言い返した「もし私が司命の神にたのんで、あなたの肉体をよみがえらせて、あなたの筋骨や皮膚を作ってもらい、あなたの両親や妻子、そして郷里の友人たちのもとに帰らせてあげるとしたら、どうだろうか。あなたはそれを望むだろうか」と。すると髑髏は深く眉をしかめて言った「南面の王のような楽しみを棄《す》てて、どうしてまた世俗の苦しみを繰り返すことなどできようか！」と。

〈万物斉同〉の〈道〉の世界を、それが非日常の世界なるがゆえに〝死〟の世界になぞらえて――決してやみくもに、〝死〟を賛美するのではなく――生も死も包み込んだ上で、真の〝生〟の充実を主張する一節です。荘子の〈万物《ばんぶつ》尽《ことごと》く然《しか》りとして、是《これ》を以《もっ》て相蘊《あいつつ》む〉（『荘子』「斉物論篇」）という〈万物斉同〉の〈道〉の真実を的確にとらえた上で読まなければ、往々にして〝死〟の賛美という、全くいわれのない誤解を受ける一文でもあります（一二二～一二四ページを参照）。

ここでは、非日常なる〈道〉の世界を〝死〟の世界として表象しています。そのまことに〈万物斉同〉で〈逍遥〉としたあり方を、しかし、日常的な内容の発話として物語ることは、いかにも不自然であるがゆえに、いわゆる〝夢のお告げ〟になぞらえて記述しているのです。これまた、先に見た〝匠石《しょうせき》の夢〟の話と同様に、夢の存在論的特質をよくとらえた上で、それを応用した一文であると考えられます。〝死〟の世界は、日常的な意識では、語りえないのです。

以上の二例は、いずれも夢の本質を存在論的次元にまで踏み込んで的確にとらえ、その上で、それを夢になぞらえて、日常的な言語の意味喚起または指示の作用の網目に掛からない〈道〉の世界の実際を、非日常的な脈絡で、しかし現実的に物語るという点では、まさに典型的な〝夢〟を用いた象徴的寓言であったと言えるでしょう。

荘子の〝夢の寓言〟には、日常的な皮相な意識の内容が、人間存在の深層の意識からなる夢によって〝補償〟されるという、夢のはたらきそのものが、典型的な様相において表象されています。

荘子は〝夢の真実〟を、よくよく理解していたと言うことができるでしょう。

夢の真実

夢は一種の非日常の現象です。それは日常的な意識の脈絡を超え、主客合一にして無時空の〝場〟に私たちを導き入れます。とはいえ、それは決して、ありもしない〝幻想〟ではありません。それは私たちの意識の深層領域に歴然として現存するばかりか、むしろ私たち人間存在の真実をたたえる、いわば真の〝生〟の表象でもあるのです。

かたや荘子の主唱する〈万物斉同〉の〈道〉の世界は、人間存在の深層領域の意識において実践的に体現される、真実の〝生〟の世界でした。それは無時空にして主客合一の、文字通りの〈万物斉同〉の至福の世界であり、決して単なる理論上の理想郷でもなければ、いわんや空虚な幻想でもありません。ただ、いかんせんその性質上、これを日常的な言葉の次元で記述し敷衍することは、ほとんど不可能事に近いという、存在論的な制約を受けていることもまた、厳然たる事実でした。

そこで荘子は、その文学的才能に任せて、あらゆる手段を用いてその〈道〉の世界の現実を表象しようとします。そして、神話と並んで最もその表象にふさわしいものが、ほかならぬこの〝夢〟であったのです。〝夢〟はまさに〈道〉の申し子だったのです。

人間の心のはたらきには、明確に意識されない部分があります。そして、人間存在の存在論的な本質の次元で、その真実のあり方を求めて哲学的な実践——すなわち、いわゆる〝修行〟——を繰り広げるとき、人はそこに真実の自己としての〝生〟の実態を把握するのです。荘子にとって、それこそが彼のいわゆる〈万物斉同〉の〈道〉であったのです。同時にそれは、人間存在の深層領域の意識の表象としての〝夢の真実〟でもあったのです。

荘子にとって、〝夢〟は決して単なる幻想ではありませんでした。それはむしろ、真に現実的な〝真実そのもの〟の表象であったのです。まさにそれゆえにこそ、彼は〝夢まぼろし〟という意味での夢を見ることはありません。彼にとっては、夢こそが、むしろ真の現実であったからです。夢によって表象される〈道〉の世界に実践的に身を置くとき、彼は真に充足した、まことに真実の〝生〟に〈逍遥遊〉するのでした。

＝古《いにしえ》の真人は、その寝《い》ぬるや夢みず、その覚《さ》むるや憂《うれ》いなし。

（『荘子』「大宗師篇」）

古の〈真人〉は、寝ているときに見る、〝夢まぼろし〟という意味での夢は見ないし、日常的な生活の中での〈憂《うれい》〉もない。

彼こそは、〈道〉を体現して〝夢〟を生きた〈真〉の〈聖人〉であったと言えるでしょう。

III 〝神話〟をめぐって

1 大鵬説話について

神話とは

〝神話〟は、その背景に深い人間意識の脈絡を有しており、その〝神話〟を生み出した人々の最も原初的な心性の中に潜むさまざまなイメージ――原始心性――を現実の世界・自然界のものごとになぞらえて、ひとつの物語としてまとめ上げたものであると考えられます。言い換えれば、〝神話〟とは、先に見た〝夢〟と同様に、日常的な世界を超えた非日常の領域からの――つまり老子・荘子のいわゆる〈道〉の世界からの――メッセージなのです。したがって、そのひとつひとつの

〝物語〟の内容を分析することによって、その〝物語〟を残した人々の原始心性のありようが明らかになってくるのです。

なお、ここにおいては、この「神話」という言葉を、「伝説」や「昔話」等をも含む、広い意味で考えておきます。上に述べたような意味での〝物語〟が、どのような範囲で語り伝えられていようとも、つまりその伝承の範囲にかかわらず、ある人々の原始心性を伝える〝物語〟であるとすれば、今それを広い意味で、「神話」とひとくくりにして呼んでおきたいと思うのです。そうすることによって、広く〝神話的表現〟を取り扱うことができると考えるからです。

ところで、すでに何度も触れたところですが、荘子は彼の〈万物斉同〉の〈道〉の世界を、さまざまな表現を用いて現在の私たちに伝えようと試みました。先に概観した〝夢〟の物語などは、その典型であったと言えるでしょう。それと同様に、この〝神話〟による、〝神話的表現〟も、荘子特有の〈道〉の表現のひとつなのです。意識の深層領域に繰り広げられる無限の〈道〉の世界の実際を、彼はこの〝神話的表現〟に事寄せて、私たちに伝えようとしたのです。以下においては、このような観点から荘子の神話的記述について考えてゆきたいと思います。

大鵬説話

まず最初に解析するのは、いわゆる〝大鵬説話〟と呼ばれるものです。次にその一節を挙げてみましょう。

北冥《ほくめい》に魚《うお》あり。その名を鯤《こん》と為《な》す。鯤の大いさ、その幾千里《いくせんり》なるかを知らず。化《か》して鳥と為《な》る。その名を鵬《ほう》と為す。鵬の背、その幾千里なるかを知らず。怒《ど》して飛べば、その翼は垂天《すいてん》の雲の若《ごと》し。是《こ》の鳥や、海の運《うご》くとき則《すなわ》ち南冥《なんめい》に徙《うつ》らんとす。……鵬の南冥に徙るや、水の撃《げき》すること三千里、扶揺《ふよう》を搏《う》ちて上ること九万里、去るに六月《りくげつ》の息《いき》を以《もっ》てする者なり。野馬《やば》や塵埃《じんあい》や、生物《せいぶつ》の息《いき》を以て相《あい》吹くなり。天の蒼蒼《そうそう》たるは、それ正色《せいしょく》なるか。それ遠くして至極《しきょく》する所なきか。その下を視《み》るや、亦《また》かくの若《ごと》くならんのみ。

（『荘子』「逍遥遊篇」）

北の果ての海中に魚がいる。その名前は鯤という。鯤の大きいこと、何千里あるか分からないほどである。それがこんどは鳥に変身する。その名は鵬である。鵬の背中の大きいこと、これまた、何千里あるかも分からない。それがバタバタッと羽ばたいて飛び上がれば、その翼は、まるで大空に広がる雲のようである。この鳥は、海上に大風が吹くと（その風に乗って飛び上がり）、南の果てに飛び立ってゆく。……鵬がこうして南の果てへ飛び立ってゆこうとするとき、海上に波風をたてること三千里、扶揺《つむじかぜ》に乗って上昇すること九万里、ひといきに六ヶ月かかって南の果てまで飛んでゆくのである。野馬《かげろう》だの塵埃《ちりあくた》だの、地上ではさまざまな生き物が息をしてうごめいている。それに対して天空が一面に蒼々《あおあお》としているのは、果たして本当にそういう色をしているのだろうか。それとも、果てしなく遠いので、多くのものどもの見分けがつかず、ただ全体としてそう見えるだけなのか。そうだとすると、遥か天空から地上を見たなら、やはりまたこのように全体として一面に同じ色に見えるのだろう。

ここで〈鯤〉となり〈鵬〉となって、ある時は北の果ての海を泳ぎまわり、またある時は九万里の上空から、〈野馬〉や〈塵埃〉の区別なく、ただ青一色の地上を遥かに見おろす〝超越的存在者〟は、ほかならぬ荘子自身なのです。彼はその独自の身体的鍛練を通じて、日常的な〝相対〟の世界を超克し、心の奥底に〈万物斉同〉の〈道〉の世界を体現します。それがこの〈鯤〉や〈鵬〉のイメージとなって表現されるのです。

神話のイメージ

ただ〝イメージ〟というと、どうもただの〝想像〟とか〝たとえ〟という印象を与えがちですが、それは違います。〈鯤〉や〈鵬〉といったイメージは、荘子自身にとって――したがってまた、同様に〈道〉を体現した人物にとっては――現実そのものなのです。

意識の深層領域における出来事や、そこから湧いてくるイメージなどは、言うまでもなくそれを受け取る本人にとっては、まごうかたなき〝現実〟なのです。さらにそれらが日常的な外界の事物に投影されて、いわゆる〝神話〟や〝おとぎ噺〟になるのです。

したがって、神話やおとぎ噺などは、少なくともその最も古い原型の状態においては、それが私たちの目から見てどんなに荒唐無稽で奇怪な内容であったとしても、それを残した人々（その作者たち）にとっては、まごうかたなき現実であったのです。それらは決して想像上の作り話でもなければ、いわんやありもしないデタラメでもないのです。

ですから、私たちはそういった広い意味での〝昔話〟を読むとき、私たちの先祖の生き生きとした心のうごき（心的過程）を見ることができるのです。それゆえ、それを理屈で説明できる日常的な出来事の〝例〟として割り切って考えたりしないで、その〝真意〟つまり古代の人々の心のありさま――それはとりもなおさず、現代の私たちの心の〝原型〟なのです――を、できるだけ正確に、つまりできるだけ〝ありのまま〟（これがなかなか難しいのですが）に読み取るよう心掛けなければならないでしょう。そうすることによって、現代のこの私たち自身の〝心のありさま〟が分かってくるのですから。

大鵬説話が表すもの

そこで、もうお分かりでしょう。荘子のこの一文の中で、〈鯤〉となり〈鵬〉となって〈万物斉同〉の〈道〉の世界を、それこそ自由自在に〈逍遥遊〉する荘子は、先に見た〈聖人〉や〈至人〉といった人々と同様に、日常的相対の世界を、おのが意識の深層において内面的に超克し、そのイメージを、この日常的世界に投影しているのです。

荘子の〝神話的〟表現を、もう少しくわしく分析して見てゆきましょう。〈鯤〉や〈鵬〉の大きさが〈その幾千里《いくせんり》なるかを知らず〉、つまりほとんど無限大であるとされたり、また、〈鯤〉が突如として〈鵬〉に変身するなどと言われたりするのは、空間的ワク組みを超え、主体と客体が一体となった、〈万物斉同〉の〈道〉の世界での、ものごとのありさまそのものの象徴的表現と見ることができます。

また、〈去るに六月《りくげつ》の息《いき》を以《もっ》てする者なり〉、つまりひといきに六ヶ月も飛び続けて、ようやく着地する、というのも、小さな鳥が、せいぜい何十メートルかを十秒か二十秒かで飛び移るのと比べると、いかにも日常的な〝時間〟を超越した、〝無時間〟的世界のありさまの描写であること、すでに言を俟たないところでしょう。

このように、荘子はおのが意識の深層領域に退行し、その無時空的な（時間と空間の制約を受けない）、主客一体の（主体と客体とが合一した）世界に〈逍遥遊〉して、この日常的世界の〝相対性〟を見事に超克し、〈万物斉同〉の〈道〉の世界を、みずから体現するのでした。

荘子の実践的な〈道〉の体現の実際を、この大鵬説話はきわめて切実に、また如実に象徴する神話的物語です。現存する『荘子』全三十三篇の中でも、これほどよく荘子のこの〝境地〟を表現する記述は、他に類を見ないほどであると言えるでしょう。

2　渾沌神話について

言葉と〈道〉

荘子の実践的な〝世界実現〟においては、時間・空間や主体・客体といった〝相対のワク組み〟の遥かかなたに、〈万物斉同〉の〈道〉の世界が体現されるのでしたが、すでに見たとおり、この〈道〉の世界のありさまを、日常的な意識の次元で、言葉によって論理的に説明してゆくためには、荘子の本来の意図とは全くウラハラに、再びこれを〝相対のワク組み〟の中に引き戻して、あらたに論述しなおさなければならなくなってきます。つまり、いったんは乗り越えたはずの時間・空間や主体・客体といった〝相対のワク組み〟が、〝言葉の世界〟の中でふたたびよみがえってくるのです。

〝相対のワク組み〟を超克して、〈万物斉同〉の〈道〉の世界を実現しながら、それでもなお、その〃相対のワク組み〃の中でしかこの〈道〉の真実を記述し、説明することができない。すでに何度も指摘してきたところですが、これはなんという悲劇でしょうか。

このような宿命的なジレンマ――つまり、〈道〉の無限の真実と〃言葉〃による表現の限界とのどうしようもない板挟み――に、荘子は心を痛めていたのです。彼が自分の文章を〈妄言《もうげん》〉だ、と言ってはばからないウラには、このような切実な心痛があったことを理解していただければ、と思います。

このようなことを理解していただいた上で、次に挙げる、いわゆる〃渾沌《こんとん》神話〃を読んでみると、荘子のこのようなつらい心情が、それこそ痛いほどよく伝わってくるのです。

渾沌神話

先に〃時空〃の問題について考えた際にも取り上げた一文ですが、ここで改めて〃渾沌神話〃を引用し、その内容を解析してみたいと思います。

> 南海の帝《てい》を儵《しゅく》と為《な》す。北海の帝を忽《こつ》と為す。中央の帝を渾沌《こんとん》と為す。儵と忽と、時に相《あい》ともに渾沌の地に遇《あ》う。渾沌の之《これ》を待《たい》すること甚《はなは》だ善《よ》し。儵と忽と、渾沌の徳に報《むく》いんことを謀《はか》りて曰《いわ》く、人みな七竅《しちきょう》あり。以《もっ》て視聴食息《しちょうしょくそく》す。此《これ》ひとりあることなし。こころみに之《これ》を鑿《うが》たん、

――と。日に一竅《いっきょう》を鑿つ。七日にして渾沌死せり。

（『荘子』「応帝王篇」）

（現代語訳は一五七ページを参照）

荘子のこの一文において、のっぺらぼうの茫洋たる存在〈渾沌〉が、無限に広がる〈万物斉同〉の〈道〉の世界を象徴的に表現する一語であることは、すでに触れたとおりです。私たちの意識の奥底に茫洋として無限に広がる〈万物斉同〉の〈道〉の世界を、これほどよく象徴する表現はまたとない、と言ってもよいでしょう。それは理屈の上で想定された、単なるユートピアではなく、実際に私たち自身が身体的鍛練を積んで、みずから体現すべき現実の境地なのでした。

渾沌神話が表すもの

ところが、この境地を〈渾沌〉と名づけたまではよかったのですが、この一文を綴りはじめるやいなや、荘子は、〝言葉の世界〟の中で、本来は無限定にして融通無碍《ゆうずうむげ》の〈渾沌〉を、南―中央―北という空間的なワク組みによって規定して提示しなければならないのです。ここでこの〈渾沌〉は、早くも空間的に縛りつけられてしまいます。

また、もともと〝一瞬間〟という時間を表す漢字である〈儵〉と〈忽〉とによる〈日に一竅《いっきょう》を鑿《うが》つ〉という時間の流れに沿った行為が、〈渾沌〉を時間的にもがんじがらめに縛りつけてしまいます。

さらにその上、本来、主体もなく客体もなく、主客一体となってまどかに存立するこの〈渾沌〉の〈道〉の世界に、〈待《もてなし》〉─〈報《おかえし》〉という、あからさまなる主客の概念が持ち込まれ、主体と客体が分断されてしまうのです。

空間と時間のワク組みによってがんじがらめに縛りつけられ、その上、主体と客体とが分断されてしまっては、これはもう〈万物斉同〉の〈道〉の世界などと言っても、全く有名無実の状態ではありませんか。そんな状況になってしまっては、かわいそうに〈渾沌〉も全く本来の姿を否定され、ついに死んでしまうのも無理ありません。

しかもそれは、もともと荘子が自分の手で（その筆で）、この〈万物斉同〉の〈道〉の世界を描写しようとしたことに由来しているのです。つまり、〈渾沌〉の〝死〟の遠因は、ほかならぬ荘子自身にあるわけで、荘子の心痛には、察して余りあるものがあります。本当につらいところでしょう。

いったんは時間と空間、そしてさらに主体と客体といった〝相対の桎梏〟を、自己の内奥ふかく超克しながらも、結局は、それら相対のワク組みが織りなす〝仮象の世界〟に引き戻されて苦悩する荘子の姿は、本質的に有限な存在である私たち人間の、いわば〝宿命的なジレンマ〟を映し出しているのです。

かくして荘子は、この宿命的なジレンマを秘かに胸中に抱きながら、静かに〝山中の隠者〟として生きる道を選ぶのです。

ところで、ひとこと付け加えれば、この神話的物語の中で、〈渾沌〉たる宇宙の未分化な状態に、〈儵〉と〈忽〉とがひとつずつ穴を開けて、いわば〝宇宙創造〟を行ないます。その完成は、結局〈渾沌〉の死ということで悲劇的な結末を迎えるわけですが、秩序ある宇宙の創造という点では、そこでめでたく完遂されたわけです。それが〝七日間〟であった、ということは、注目してよい点だと思います。七日間というのは、古代の神話的表現において、宇宙の創造のようなひとまとまりのはたらきが要する、ひとつの決まった日数なのです――つまり、この物語において七日間で宇宙の創造が完遂されているのは、決して偶然ではないのです。

『旧約聖書』の中の宇宙の創造もそうでした。七日間です。ここでも荘子は、そのような古代の神話的伝承を借用しているのでしょう。ちょっと注意して見てみると、気がつくことがあるものです。

おわりに

二つの個性――市中の隠者と山中の隠者

本書でこれまで見てきたように、老荘思想は、決して単なる〝隠遁の思想〟として片付けられるようなものではありません。それは真摯な自己反省と、それに裏付けられた厳しい――しかし、各々の個性に合った、したがって決して無理でない――身体的鍛練との集積の結果、日常的な相対の世界の遥かかなたに繰り広げられるものでした。それはまた、真に自由な、本当の〝自分〟の世界において、私たちひとりひとりが真実の〝生〟を生きてゆくという、おそらく私たち人間にとっての最大の課題に応えてくれる、まさにそういう意味での深遠な哲学思想なのでした。

そういう点で、老子と荘子は、日常的な俗人たちとは、やはり一線を画すべき、言ってみれば、〝別の世界〟の住人でした。彼らは、決して世をはかなんで隠棲するのでもなく、いわんや奇を衒《てら》って衆人と違う言動を行なうのでもありません。ただ、彼らが共に彼ら独自の〝世界〟に生きる、一般の人々とは違った人物であったという、この点だけに限って言えば、彼らはやはり〝隠者〟であったと言っても差し支えないでしょう。

この二人の〝隠者〟は、こうしてそれぞれの真実の〈道〉を生きたのです。ですから、彼ら二人の思想は、その本質的な〈道〉の次元において、明らかに通い合うものがあるのです。したがって、彼ら二人の思想をひとまとめにして〝老荘思想〟と呼んだり、あるいはまた、〈道〉の思想家たちという意味で〝道家思想〟と言ったりすることは、まことにもっともなことであると思われます。

とはいえ、そこに彼ら両人それぞれの、全く別箇の〝個性〟があることも忘れてはならないでしょう。かたや、みずから体現した〈道〉を、その〈徳〉というかたちでこの日常的な世界の中で表現し、学問の世界であれ政治の世界であれ、その〈徳〉を通じて、みずからの〈道〉を、この日常的な世界の中でこそ実現してゆこうとする老子。そしてまた一方では、その〈道〉を胸中ふかく抱きつつ、真実の〝生〟を、なるべく他人に邪魔されないよう、静かにたたずみながら、ただひたすらに歩き続けようとする荘子。まさに「市中の隠者」（老子）と「山中の隠者」（荘子）というにふさわしい、両人の生きざまであったと思われます。それはもう彼ら二人の、それぞれの〝個性〟というものですから、どちらがよいとかどちらが悪いとかいった問題ではないでしょう。ただ、それぞれの〈道〉が、それぞれ真実に、それぞれの〝生〟を送ったにすぎないのですから。

それぞれの〈道〉

このようにそれぞれの〝個性〟に沿って、それぞれの〈道〉を体現して生きた老子と荘子の生きざまは、繰り返しになりますが、それぞれがかけがえのない〝生〟であり、どちらがよいとか悪いとかいうものでは全くありません。そのいずれもが、意識の深層領域に潜む〝真の自己〟の姿を明確に把握した上で、その〈道〉の真実に沿って、おのが〝生〟のあり方を決めているのですから、もしもあえてこれをよしあしで判断するとしたら、どちらもすばらしく〝よい〟ということになるでしょう。

そして私のこのささやかな本が、これを読んでくださった方々の〈道〉の体得に当たって、なんらかのヒントになってくれれば、それは誠にありがたいことだと思うのです。荘子の文章の中に次のような一節があります。

荃《せん》は魚《うお》を在《い》る所以《ゆえん》なり。魚を得て荃を忘る。蹄《てい》は兎《うさぎ》を在る所以なり。兎を得て蹄を忘る。言《げん》は意を在る所以なり。意を得て言を忘る。吾安《われいづ》くにかかの言を忘るるの人を得て、之《これ》と言わんかな。

（『荘子』「外物篇」）

荃（やな・ふせご）は魚を捕るための道具であるが、魚が捕れたら荃のことは忘れてしまう。蹄（わな）は兎を捕るための道具だが、兎が捕れたら蹄のことは忘れてしまう。言葉はものごとの真意を伝えるためのものであるが、その真意を会得したならば、言葉のことは忘れてしまう。どこかでこの言葉を忘れた（ものごとの真意を体得した）人と出遇って、語り合いたいものだなあ。

荘子のこの一文の主旨は、自分が体現している果てしなき〈道〉の真実と、日常的な〝相対のワク組み〟の中でしか機能してくれない〝言葉〟とのギャップに悩む荘子の気持ちを、切実に表現するところにあると言えるでしょう。

ただ、このことはまた、そっくりそのまま、本書についてもあてはまる点があると思います。つまり、本書を読んでくださった方々が、本書を通じて老子や荘子の〈道〉に目を向けるキッカケを見つけて、さらにそれぞれ最も得意な分野・方法で、意識の深い領域において真の自己を見つけて、それを基盤に真実の〝生〟を生きていってくださるならば、これはもう本書の役割は十二分に果たせた、と言うか、むしろ〝できすぎ〟と言ってよいわけで、本書のことなどすっかり忘れてくださってよいのです。

老子は、

聖人は……学ばざるを学ぶ。
聖人たるもの、……他人の学ばないものを学ぶ。

（『老子』第六四章）

と言っています。私たちはだれでもみな、何にもまして本当に大切な、私たちの真実の〝生〟にとっての第一の必須の要件を、ほかでもない、この私たち自身の心の中に持って生まれてきているのです。

老子が〈学ばざるを学ぶ〉と言っているのは、単なる反語表現によって〈道〉の深遠さを――たしかに〈道〉は深遠には違いありませんが――強調しているのでは決してありません。私たちは、ある意味で、知るべき重要な真理をすでに知っている、ということなのです。

ただ、それに気がつくかつかないか、それだけの違いなのです。しかし、それがいわば〝一生の大事〟なのであり、その違いが、結局大変な違いになってくるのです。

私たちは知識を外に求めないで――必要最低限におさえて――まず私たち自身が、本当はもう知っている〝真実〟に気づくことが、なにより肝要なのではないでしょうか。まさに〈学ばざるを学ぶ〉のです。

本書では、いわゆる〝老荘思想〟についての私のささやかな研究成果の一部分――しかし、大事な部分――を述べてきました。このような研究のやり方が全面的に正しいなどとは全く考えていませんが、少しでも彼らの本旨に近づくことができるよう心掛けてきました。彼らの深遠で意義深い哲学思想が少しでも明確になり、現在に生きる私たちの〝生〟に活かされるよう祈念しながら筆を擱《お》きます。

あとがき

本書は私の前作『図解 入門「老荘」の思想が面白いほどわかる本』(二〇〇一年、中経出版)の内容を踏まえ、全面的に手を加えて、さらに書き改めたものです。この前作は多くの方々に読んでいただき、すでに品切れになっているとのことです。また中国語にも翻訳されて『老荘思想図解』(二〇〇三年、台湾・商周出版)として刊行され、これまた増刷を重ねているそうで、まさに嬉しい限りではあります。

ただ読み返してみると、やはり至らぬ点が多く目に付き、内心忸怩《じくじ》たるものがあったのも事実です。そこでこのたび、ありがたいチャンスに恵まれて、このような新著を刊行できたことに、心から感謝しています。

前著を書いた後、私の漢方医学（吉益東洞）の研究に関する小著を、これまた多くの方々のご尽力を得て、刊行することができました。そんな時、よく聞かれたのが、老荘思想、ひいては中国思想と漢方医学とはどういう関係があるのですか、という質問です。私の答えは、こうです。つまり、医学と哲学と、入り口は違っても、その道を極めて頂上に登りつめれば、結局ポイントは一点のみ、ただただ〝人間の真実〟を求めているだけです、と。まだまだ富士山で言えば一合目か二合目あたりをウロウロしているにすぎない私が、大仰なことを言うようでおこがましいのですが、これが私の学問であり、生きる〈道〉であることは厳然たる事実です。

そのささやかな成果をまとめたものが本書です。私の考えている学問が、少しでも読者のみなさんの心に伝わり、真実の〈道〉としての〝生〟の参考になれば、それはもう望外の喜びとするところです。先に触れましたように、この小著は前著の内容を踏まえ、全面的に手を加えて、さらに書き改めたものです。したがって、内容的に一部重複する部分があります。ご理解・ご寛恕いただければ幸甚です。

なお、本書も多くの方々のお力添えを得て日の目を見ることができました。とりわけ、大修館書店編集第一部の小笠原周氏には並々ならぬご助力を賜りました。自分の筆の力のなさを暴露するようで、いささか恥ずかしいのですが、これも事実です。心からお礼申し上げます。また、我が愛する家族たちからは、いつもながら愛のこもった（!!）協力を受けました。感謝しています。

みなとみらいの夜景を眺めつつ

平成一九年一月吉日

著者記す

[著者略歴]
舘野正美（たての　まさみ）
1954年東京生まれ。日本大学大学院文学研究科博士後期課程満期退学。日本大学文理学部教授。国士舘大学アメリカンフットボール部コーチングスタッフ。医学博士。主な論文・著書に「老子・〈道〉・市中の隠者——道家思想の身心論的コンテキスト」（『思想』864号、1996年6月、岩波書店）や『吉益東洞『古書医言』の研究—その書誌と医学思想』（2004年1月、汲古書院）等がある。

〈あじあブックス〉
老荘《ろうそう》の思想《しそう》を読《よ》む

NDC222／ix, 227p／19cm

初版第一刷——2007年4月10日
初版第二刷——2010年9月 1 日

著者——舘野正美《たてのまさみ》
発行者——鈴木一行
発行所——株式会社大修館書店
〒101-8466 東京都千代田区神田錦町 3-24
電話03-3295-6231（販売部）03-3294-2353（編集部）
振替 00190-7-40504
[出版情報] http://www.taishukan.co.jp

装丁者——下川雅敏
印刷所——壮光舎印刷
製本所——ブロケード

ISBN978-4-469-23302-5 Printed in Japan

アジアの言語・文化・歴史を見つめ直す

[あじあブックス]

043 現代韓国を知るキーワード77　曺喜澈著　本体一八〇〇円

044 闘蟋(とうしつ)――中国のコオロギ文化　瀬川千秋著　本体一八〇〇円

045 開国日本と横浜中華街　西川武臣・伊藤泉美著　本体一七〇〇円

046 漂泊のヒーロー――中国武侠小説への道　岡崎由美著　本体一七〇〇円

047 中国の英雄豪傑を読む――『三国志演義』から武侠小説まで　鈴木陽一編　本体一七〇〇円

048 不老不死の身体――道教と「胎」の思想　加藤千恵著　本体一六〇〇円

049 アジアの暦　岡田芳朗著　本体一八〇〇円

050 宋詞の世界――中国近世の抒情歌曲　村上哲見著　本体一七〇〇円

051 弥勒信仰のアジア　菊地章太著　本体一八〇〇円

052 よみがえる中国の兵法　湯浅邦弘著　本体一八〇〇円

053 漢詩　珠玉の五十首――その詩心に迫る　荘魯迅著　本体一八〇〇円

054 中国のこっくりさん――扶鸞信仰と華人社会　志賀市子著　本体一八〇〇円

055 空海と中国文化　岸田知子著　本体一六〇〇円

056 張説(ちょうえつ)――玄宗とともに翔た文人宰相　高木重俊著　本体一八〇〇円

057 南部絵暦を読む　岡田芳朗著　本体一八〇〇円

058 道教の神々と祭り　野口鐵郎・田中文雄編　本体一九〇〇円

059 纏足(てんそく)の発見――ある英国女性と清末の中国　東田雅博著　本体一八〇〇円

060 論語　珠玉の三十章　卯和順著　本体一四〇〇円

定価=本体+税5%(2010年9月現在)